Investir dans les Cryptos pour un Avenir Libre

Un guide complet pour débutants et passionnés, sur le chemin de la liberté financière grâce aux cryptomonnaies

Degen Satoshi

© Copyright 2025 par Degen Satoshi — Tous droits réservés.

Le contenu de ce livre ne peut être reproduit, dupliqué ou transmis sans l'autorisation écrite de l'auteur ou de l'éditeur. En aucun cas, l'auteur ou l'éditeur ne pourra être tenu responsable de dommages, de réparations ou de pertes monétaires dus aux informations contenues dans ce livre, que ce soit directement ou indirectement.

Avis juridique

Ce livre est protégé par le droit d'auteur. Il est réservé à un usage personnel. Vous ne pouvez pas modifier, distribuer, vendre, utiliser, citer ou paraphraser une partie ou la totalité du contenu de ce livre sans l'accord préalable de l'auteur ou de l'éditeur.

Avis de non-responsabilité

Veuillez noter que les informations contenues dans ce document sont uniquement destinées à des fins éducatives et de divertissement. Tous les efforts ont été déployés pour présenter des informations exactes, à jour, fiables et complètes. Aucune garantie de quelque nature que ce soit n'est déclarée ou implicite.

Les lecteurs reconnaissent que l'auteur ne s'engage pas à fournir des conseils juridiques, financiers, médicaux ou professionnels. Le contenu de ce livre provient de diverses sources. Veuillez consulter un professionnel agréé avant d'essayer les techniques décrites dans ce livre. En lisant ce document, le lecteur accepte que l'auteur ne soit en aucun cas responsable des pertes, directes ou indirectes, subies en raison des informations contenues dans ce document, y compris celles causées par des erreurs, des omissions ou des inexactitudes, mais sans s'y limiter.

Le contenu de ce livre ne constitue pas un conseil financier. Faites vos propres recherches.

Utilisation numérique

Ce contenu est protégé, que ce soit en format imprimé ou numérique. Toute diffusion, reproduction, ou partage non autorisé, y compris via des plateformes numériques ou des réseaux sociaux, est strictement interdit. Toute violation fera l'objet de poursuites légales conformément aux lois en vigueur.

Mise en garde sur les cryptomonnaies

Les investissements en cryptomonnaies comportent des risques significatifs, notamment la perte totale du capital investi. Les marchés des cryptomonnaies sont hautement volatils et imprévisibles. Il est conseillé de ne jamais investir plus que ce que vous êtes prêt à perdre. Les lois et réglementations sur les cryptomonnaies varient selon les pays. Assurez-vous de vérifier la législation applicable dans votre juridiction avant d'investir ou d'utiliser des cryptomonnaies.

Encouragement au lecteur

Ce livre a été écrit pour vous donner les clés d'un avenir financier plus libre et éclairé. Prenez le temps d'apprendre, de réfléchir, et d'agir en toute conscience. La route vers la liberté financière est un voyage, pas une destination. Chaque étape compte, et vous êtes déjà en avance simplement en ayant décidé de vous informer. Bonne lecture et bon succès dans vos projets !

⭐⭐⭐⭐⭐ **Faites entendre votre voix !**

Un simple avis peut faire toute la différence. Soutenez mon travail en laissant une note ou un commentaire sur Amazon. Cela m'encourage à écrire encore plus de projets passionnés comme celui-ci.

— Degen Satoshi

Table des matières

Investir dans les Cryptos pour un Avenir Libre........................... 1

Table des matières.. 4

Pourquoi ce livre ?... 6

    Raison d'écrire ce livre.. 7

    La liberté financière et les cryptomonnaies.............................. 9

    Ce que vous apprendrez dans ce livre 10

Chapitre 1 : Comprendre les cryptomonnaies........................... 12

    Histoire complète de Bitcoin, Ethereum et d'autres projets majeurs 13

    Explication approfondie de la blockchain : Preuve de travail et preuve d'enjeu 16

    Différents types de cryptos : Utilité, gouvernance, stablecoins 20

    Le jargon des cryptos : termes essentiels à connaître 23

Chapitre 2 : Pourquoi Investir dans les Cryptos ? 28

    L'avenir des cryptomonnaies dans l'économie mondiale................ 29

    Comparaison avec d'autres investissements................................. 33

    Opportunités et risques : ce que tout investisseur doit savoir 37

    La démocratisation de la finance : un système pour tous................ 41

Chapitre 3 : Évaluer et Sélectionner les Bons Projets 44

    Les critères d'analyse : l'équipe, le cas d'usage, et plus 45

    Études de cas : succès et échecs dans le monde des cryptos 49

    Utiliser les outils pour analyser les projets 53

    Les signaux d'alerte : détecter les projets risqués 58

Chapitre 4 : Sécuriser ses actifs et gérer les risques........................ 62

    Les différents portefeuilles (hardware, software, custodial) 63

Éviter les arnaques et protéger ses investissements 68

Les 10 erreurs courantes des débutants 73

Conseils pour éviter les arnaques 79

Chapitre 5 : Les stratégies d'investissement en cryptos 83

Investir sur le long terme : construire une vision 84

Diversifier son portefeuille : une clé pour minimiser les risques 88

Stratégies pour le trading (support/résistance, RSI, etc.) 92

Créer une stratégie alignée avec ses objectifs de liberté financière .. 96

Chapitre 6 : Atteindre la liberté financière grâce aux cryptos 100

Définir un objectif clair (montant, délai) 101

Comprendre les cycles de marché : bear markets, bull markets, et tout ce qu'il y a entre les deux 104

Savoir quand retirer des profits 108

Réinvestir dans d'autres actifs pour réduire les risques 112

Chapitre 7 : La vision à long terme des cryptomonnaies 116

Les cryptomonnaies dans 10, 20, 50 ans : Une vision à long terme .. 117

L'impact potentiel des cryptomonnaies sur l'économie mondiale .. 120

Adopter une éthique dans ses investissements : construire un futur responsable 123

Crypto-Pépites Prometteuses en 2025 127

Derniers mots et inspiration 132

Résumé des leçons apprises 133

Conseils pour l'avenir 135

Une lettre personnelle 137

Pourquoi ce livre ?

Les cryptomonnaies : un sujet qui intrigue, fascine, mais parfois aussi effraie. Ce livre est né d'une envie simple : démystifier cet univers complexe et montrer comment il peut devenir un levier vers la liberté financière. En vous partageant des connaissances, des stratégies et des réflexions, mon objectif est de vous guider pas à pas dans cette révolution numérique.

Que vous soyez un débutant curieux ou déjà familier avec le monde des cryptos, cette introduction pose les bases. Vous y découvrirez pourquoi ce livre a été écrit, ce qu'est réellement la liberté financière et comment les cryptomonnaies peuvent vous y conduire. Préparez-vous à explorer des concepts passionnants, mais aussi à poser les premières pierres de votre propre chemin vers l'indépendance.

Raison d'écrire ce livre

Imagine un instant : c'est une soirée tranquille, et je regarde les actualités financières en parcourant les derniers articles sur l'économie mondiale. Encore une fois, on parle d'inflation, de crise bancaire, et de la volatilité des marchés traditionnels. Mais au milieu de tout cela, un mot revient souvent : **Bitcoin**.

C'est à ce moment-là que je me suis souvenu d'une question que beaucoup se posent :
« Ces cryptos dont tout le monde parle, c'est vraiment sérieux ? Ou c'est juste une mode passagère ? »

Cette question est restée dans ma tête pendant des jours. Elle n'est pas anodine, car derrière elle se cache une curiosité, parfois un scepticisme, et souvent un espoir : celui de trouver une nouvelle voie pour investir, protéger son patrimoine, et peut-être même atteindre la liberté financière.

Je n'avais pas la réponse immédiate. Alors, j'ai décidé de creuser, de lire, de regarder des vidéos, d'écouter des experts. Et plus j'apprenais, plus je réalisais à quel point les cryptomonnaies étaient bien plus qu'un simple phénomène : elles représentent une révolution. Une nouvelle façon de penser l'argent, l'investissement et, surtout, la liberté.

Mais ce livre ne vient pas juste d'une curiosité personnelle. Il vient d'une réflexion plus profonde : *Comment pouvons-nous utiliser cette révolution pour construire quelque chose de durable ? Comment pouvons-nous atteindre la liberté financière et vivre la vie que nous avons toujours imaginée ?*

L'objectif de ce livre est simple : vous donner les clés pour comprendre cet univers fascinant et, surtout, vous montrer comment investir de manière stratégique et sécurisée dans les cryptomonnaies. Il ne s'agit pas de devenir riche du jour au lendemain, mais d'apprendre à bâtir des fondations solides pour un avenir où vous êtes maître de votre temps, de vos choix et de votre vie.

En lisant ce livre, vous allez explorer avec moi ce monde complexe mais passionnant. À travers des exemples concrets, des stratégies claires et des conseils pratiques, je veux vous aider à naviguer dans cet univers et à poser les bases de votre liberté financière.

La liberté financière et les cryptomonnaies

La liberté financière. Deux mots qui résonnent différemment selon les personnes. Pour certains, c'est le rêve d'une vie sans contraintes, où l'on ne travaille pas pour survivre mais pour s'épanouir. Pour d'autres, c'est la possibilité de prendre des décisions sans craindre de manquer d'argent, que ce soit pour soi-même ou pour ses proches.

Dans sa définition la plus simple, la liberté financière, c'est d'avoir suffisamment de revenus passifs pour couvrir ses besoins sans dépendre exclusivement d'un travail. Mais soyons clairs : cela ne signifie pas forcément devenir multimillionnaire. Cela signifie atteindre un équilibre où l'argent devient un outil au service de votre vie, et non l'inverse.

C'est là que les cryptomonnaies entrent en jeu. Pourquoi ? Parce qu'elles offrent des opportunités uniques que peu d'autres classes d'actifs peuvent égaler. Voici quelques raisons :

- **Accessibilité** : Pas besoin d'être un expert en finances ou d'avoir un capital énorme pour commencer. Avec quelques euros, vous pouvez acheter des fractions de Bitcoin ou investir dans des projets prometteurs.

- **Potentiel de croissance** : Les cryptomonnaies sont jeunes et évoluent rapidement. Certaines ont vu leur valeur décupler en quelques années, même si cela implique des risques.

- **Indépendance** : Contrairement aux systèmes traditionnels, les cryptomonnaies vous permettent de devenir votre propre banquier. Vous contrôlez vos fonds, sans dépendre d'une institution centrale.

Cependant, il ne s'agit pas simplement d'acheter une crypto et d'attendre que la magie opère. Investir dans les cryptos, c'est avant tout comprendre les cycles du marché, diversifier ses placements, et se former pour naviguer dans cet univers volatil mais passionnant.

Ce que vous apprendrez dans ce livre

Dans les pages qui suivent, vous découvrirez un véritable guide, conçu pour vous donner toutes les clés afin d'investir intelligemment dans les cryptomonnaies. Que vous soyez totalement novice ou que vous ayez déjà quelques notions, voici ce que vous allez explorer :

1. **Découvrir les cryptomonnaies et la blockchain** : Comprendre l'histoire et le fonctionnement de technologies comme le Bitcoin ou Ethereum, mais aussi les concepts essentiels comme la preuve de travail et la preuve d'enjeu.

2. **L'opportunité des cryptos** : Pourquoi attirent-elles autant d'investisseurs ? Et surtout, quels sont les risques et les avantages comparés aux investissements traditionnels ?

3. **Analyser et choisir ses investissements** : Apprendre à évaluer les projets, repérer les arnaques, et s'appuyer sur des critères solides pour faire des choix éclairés.

4. **Sécuriser ses actifs** : Protéger ses investissements avec des outils comme les portefeuilles numériques et éviter les erreurs courantes des débutants.

5. **Adopter des stratégies d'investissement** : Qu'il s'agisse d'investir à long terme, de pratiquer le trading ou de diversifier son portefeuille, vous découvrirez des approches adaptées à vos objectifs.

6. **Atteindre la liberté financière** : Comprendre comment établir un plan clair, gérer les cycles de marché, et réinvestir intelligemment pour sécuriser vos gains.

7. **Une vision à long terme des cryptos** : Explorer le futur des cryptomonnaies et leur impact potentiel sur l'économie mondiale, tout en adoptant une démarche éthique dans vos investissements.

Ce livre ne se limite pas à vous apprendre comment investir dans les cryptos. Il vous invite à réfléchir à ce que vous voulez accomplir, à poser des bases solides et à construire une vision à long terme.

Chapitre 1 : Comprendre les cryptomonnaies

Avant de plonger dans le monde fascinant des cryptomonnaies, il est essentiel de comprendre leurs bases. Ce chapitre revient sur l'histoire des cryptos, en mettant en lumière des projets phares comme Bitcoin et Ethereum. Nous explorerons également la technologie qui les soutient : la blockchain. Vous découvrirez les différents types de cryptomonnaies et leur utilité, tout en apprenant le jargon clé pour naviguer dans cet univers. Ce premier pas vous donnera les outils nécessaires pour avancer avec confiance.

Histoire complète de Bitcoin, Ethereum et d'autres projets majeurs

L'histoire des cryptomonnaies commence avec une question simple mais révolutionnaire : *Et si nous pouvions échanger de la valeur sans passer par une banque ou une institution centrale ?* Cette idée a donné naissance à une innovation qui a changé la donne : le **Bitcoin**.

Bitcoin : Le pionnier

En 2008, en pleine crise financière mondiale, un document intitulé *Bitcoin: A Peer-to-Peer Electronic Cash System* est publié sous le pseudonyme de **Satoshi Nakamoto**. Ce *whitepaper* présente une idée novatrice : une monnaie numérique, décentralisée et sécurisée, fonctionnant grâce à une technologie appelée *blockchain*.

L'objectif de Bitcoin est clair : permettre des transactions d'argent en ligne, directement entre les individus, sans nécessiter de tiers de confiance comme une banque. En janvier 2009, le réseau Bitcoin est lancé avec la création du **premier bloc**, appelé *genesis block*.

Quelques dates clés de Bitcoin :

- **2010** : La première transaction dans le monde réel est réalisée : un programmeur nommé Laszlo Hanyecz achète deux pizzas pour 10 000 bitcoins (aujourd'hui, cela vaudrait des centaines de millions de dollars).
- **2017** : Le Bitcoin atteint pour la première fois la barre des 20 000 dollars, attirant une attention mondiale.
- **Aujourd'hui** : Bitcoin est considéré comme de l'**or numérique**, une réserve de valeur pour se protéger contre l'inflation et l'instabilité des monnaies traditionnelles.

Ethereum : L'ordinateur mondial

Après Bitcoin, un autre projet révolutionnaire voit le jour : **Ethereum**, créé par un jeune prodige du nom de **Vitalik Buterin**. Lancé en 2015, Ethereum n'est pas juste une monnaie numérique comme Bitcoin. C'est une plateforme qui permet de créer des **smart contracts** (contrats intelligents), des programmes autonomes exécutés automatiquement sur la blockchain.

L'idée derrière Ethereum est simple mais puissante : transformer la blockchain en une infrastructure universelle où l'on peut créer des applications décentralisées (*dApps*). Cela a ouvert la voie à des innovations comme :

- Les **NFTs** (jetons non fongibles), qui permettent de représenter la propriété d'œuvres d'art ou d'actifs numériques.
- Les **DeFi** (finance décentralisée), une nouvelle manière d'emprunter, de prêter ou d'investir sans intermédiaires.

Quelques jalons d'Ethereum :

- **2015** : Lancement du réseau Ethereum.
- **2022** : Transition vers un système de *proof of stake* (preuve d'enjeu), réduisant l'empreinte énergétique de la blockchain.
- **Aujourd'hui** : Ethereum est le leader dans le domaine des applications décentralisées, avec des milliers de projets construits sur son réseau.

D'autres projets majeurs : Une galaxie en expansion

Si Bitcoin et Ethereum sont les piliers, l'écosystème des cryptomonnaies ne s'arrête pas là. Voici quelques autres projets qui ont marqué l'histoire :

- **Binance Coin (BNB)** : Lancée par la plateforme Binance, cette crypto est utilisée pour réduire les frais de transaction et alimente un vaste écosystème d'applications.
- **Ripple (XRP)** : Conçue pour les paiements internationaux rapides et peu coûteux, Ripple collabore avec des banques et institutions financières.
- **Cardano (ADA)** : Un projet qui met l'accent sur la durabilité, l'évolutivité et une approche scientifique rigoureuse.

- **Polkadot (DOT)** : Permet la communication entre différentes blockchains, rendant l'écosystème plus interconnecté.

- **Dogecoin (DOGE)** : Une crypto née comme une blague, mais devenue populaire grâce à sa communauté et à des soutiens comme Elon Musk.

Chaque cryptomonnaie a une histoire unique, mais toutes partagent une ambition commune : transformer notre manière de penser et d'utiliser l'argent. Bitcoin a ouvert la voie, Ethereum a élargi le champ des possibles, et de nouveaux projets continuent d'émerger, façonnant un avenir encore plus décentralisé et innovant.

Explication approfondie de la blockchain : Preuve de travail et preuve d'enjeu

Pour comprendre l'univers des cryptomonnaies, il faut plonger au cœur de leur technologie fondamentale : la **blockchain**. Ce mot, souvent évoqué, désigne une innovation technologique qui a rendu possible des concepts comme Bitcoin, Ethereum et bien d'autres.

Qu'est-ce qu'une blockchain ?

Une blockchain, ou « chaîne de blocs », est un registre numérique décentralisé qui enregistre les transactions de manière transparente, sécurisée et immuable. Imaginez un grand livre comptable accessible à tous, où chaque nouvelle transaction est ajoutée comme une page supplémentaire.

Contrairement aux systèmes traditionnels où une autorité centrale contrôle les données (comme une banque ou une institution), la blockchain repose sur un réseau décentralisé d'ordinateurs, appelés **nœuds**, qui travaillent ensemble pour valider et sécuriser ces données.

Les trois caractéristiques principales de la blockchain :

1. **Décentralisation** : Les données ne sont pas stockées sur un serveur unique, mais réparties sur des milliers de nœuds à travers le monde. Cela réduit les risques de piratage et de corruption.

2. **Transparence** : Les transactions enregistrées sur la blockchain sont visibles par tous les participants du réseau.

3. **Immutabilité** : Une fois une transaction validée et ajoutée à la blockchain, elle ne peut plus être modifiée. Cela garantit l'intégrité des données.

Comment fonctionne une blockchain ?

1. **Création d'une transaction** : Lorsqu'une personne souhaite envoyer une cryptomonnaie (par exemple du Bitcoin), elle initie une transaction en spécifiant l'adresse du destinataire et le montant.

2. **Validation** : Avant d'être ajoutée à la blockchain, cette transaction doit être validée par le réseau. Cela garantit qu'elle est légitime (le montant existe réellement, et le détenteur a les droits nécessaires).

3. **Regroupement en blocs** : Les transactions validées sont regroupées dans un bloc. Chaque bloc contient :
    - Les transactions récentes.
    - Une référence au bloc précédent (ce qui crée la chaîne).
    - Un code unique appelé **hash**, qui agit comme une empreinte digitale du bloc.

4. **Ajout au registre** : Le bloc est ajouté à la chaîne une fois qu'il est validé par un mécanisme de consensus, comme la preuve de travail (*Proof of Work*) ou la preuve d'enjeu (*Proof of Stake*).

Preuve de travail (Proof of Work)

La preuve de travail est le mécanisme de consensus utilisé par Bitcoin et d'autres blockchains. Il repose sur un processus compétitif appelé **minage**.

Comment cela fonctionne ?

1. Les mineurs, des ordinateurs puissants du réseau, se livrent à une course pour résoudre un problème mathématique complexe. Ce problème est basé sur un processus appelé **hachage cryptographique**.

2. Le premier mineur à résoudre ce problème propose un nouveau bloc au réseau.

3. Les autres nœuds vérifient la validité du bloc. S'il est validé, le mineur reçoit une récompense sous forme de bitcoins nouvellement créés et de frais de transaction.

Avantages de la preuve de travail :

- **Sécurité élevée** : Il est extrêmement coûteux et difficile de manipuler une blockchain basée sur la preuve de travail. Un attaquant aurait besoin de contrôler plus de 50 % de la puissance de calcul du réseau.
- **Décentralisation** : N'importe qui avec un ordinateur peut participer au minage, bien que la compétition soit féroce.

Inconvénients :

- **Consommation d'énergie** : Le minage exige une quantité énorme d'électricité, ce qui a suscité des critiques pour son impact environnemental.
- **Scalabilité limitée** : La vitesse des transactions est limitée par la capacité du réseau à valider des blocs.

Preuve d'enjeu (Proof of Stake)

La preuve d'enjeu est une alternative moins énergivore à la preuve de travail. Ethereum, par exemple, est passé de la preuve de travail à la preuve d'enjeu en 2022.

Comment cela fonctionne ?

1. Les participants au réseau, appelés **validateurs**, doivent verrouiller une certaine quantité de cryptomonnaie dans un processus appelé **staking**.
2. Le réseau sélectionne un validateur pour proposer le prochain bloc, généralement en fonction de la quantité mise en jeu et de la durée du staking.
3. Une fois le bloc proposé, d'autres validateurs le vérifient. Si le bloc est accepté, le validateur reçoit une récompense.

Avantages de la preuve d'enjeu :

- **Efficacité énergétique** : Pas besoin de résoudre des problèmes mathématiques complexes, ce qui réduit considérablement la consommation d'énergie.

- **Scalabilité accrue** : Les transactions peuvent être validées plus rapidement, augmentant la capacité du réseau.

Inconvénients :

- **Concentration des richesses** : Les participants ayant beaucoup de cryptos ont plus de chances d'être sélectionnés comme validateurs, ce qui peut favoriser une centralisation.
- **Sécurité théorique** : Bien que sécurisé, le système est encore jeune et nécessite du temps pour prouver sa robustesse face à des attaques complexes.

Comparaison entre preuve de travail et preuve d'enjeu

Caractéristique	Preuve de travail	Preuve d'enjeu
Énergie consommée	Élevée	Faible
Vitesse de validation	Moyenne	Rapide
Sécurité	Très élevée	Élevée mais à prouver
Décentralisation	Bonne	Potentiellement réduite

Pourquoi ces mécanismes sont-ils essentiels ?

Ces systèmes de consensus sont au cœur de la confiance dans les blockchains. Sans eux, il serait impossible de garantir que les transactions sont vérifiées de manière juste et transparente.

En comprenant ces mécanismes, vous êtes mieux armé pour évaluer les projets et comprendre ce qui différencie une cryptomonnaie d'une autre. Le choix entre preuve de travail et preuve d'enjeu reflète souvent les priorités d'un projet : sécurité, efficacité ou durabilité.

Différents types de cryptos : Utilité, gouvernance, stablecoins

Lorsque l'on parle de cryptomonnaies, on pense souvent à Bitcoin ou Ethereum. Pourtant, ces deux géants ne représentent qu'une petite partie d'un écosystème incroyablement diversifié. Imaginez un monde où chaque crypto joue un rôle unique : certaines comme outil pratique, d'autres pour gouverner un projet, et quelques-unes pour offrir une stabilité dans un univers connu pour sa volatilité. Vous êtes prêt ? Explorons ensemble les différents types de cryptos et leurs fonctions.

Les cryptos d'utilité : Des outils pour l'innovation

Les cryptos d'utilité, comme leur nom l'indique, servent à *quelque chose*. Elles sont conçues pour remplir une fonction précise dans un écosystème ou une application décentralisée. Prenons l'exemple d'Ethereum. Si Bitcoin est souvent comparé à de l'or numérique, **l'Ether (ETH)**, la monnaie native d'Ethereum, est le carburant de son réseau. Pour exécuter un contrat intelligent ou interagir avec une application sur Ethereum, vous devez payer des frais en ETH.

Un autre exemple ? **Chainlink (LINK).** Imaginez un système où une blockchain a besoin de données extérieures, comme des informations sur la météo ou le cours des actions. Chainlink agit comme un pont, et le jeton LINK est utilisé pour récompenser ceux qui fournissent ces données.

Ces cryptos d'utilité sont donc bien plus que de simples monnaies numériques. Elles alimentent des écosystèmes entiers, et leur valeur repose sur l'importance de leurs cas d'usage. Alors, avant d'investir dans ce type de crypto, posez-vous une question : « À quoi ça sert réellement ? » Si la réponse est convaincante, vous pourriez avoir trouvé un projet prometteur.

Les cryptos de gouvernance : Donnez votre voix

Vous êtes-vous déjà demandé à quoi pourrait ressembler un monde où les utilisateurs prennent les décisions ? Les cryptos de gouvernance rendent cela possible. Ces jetons donnent à leurs détenteurs le pouvoir de voter sur les décisions importantes concernant un projet ou une plateforme.

Prenons l'exemple de **Uniswap (UNI)**, l'une des plateformes décentralisées les plus populaires pour échanger des cryptos. Les détenteurs de jetons UNI peuvent voter sur des propositions pour améliorer la plateforme, comme modifier les frais de transaction ou ajouter de nouvelles fonctionnalités.

L'idée est simple mais puissante : ceux qui investissent dans un projet devraient avoir leur mot à dire dans sa direction. Cela crée un sentiment d'appartenance et aligne les intérêts des créateurs et des utilisateurs. Mais attention : pour exercer ce pouvoir, il faut souvent posséder une quantité importante de jetons. Cela signifie que ceux qui ont le plus d'argent ont souvent une voix plus forte. Un aspect à garder en tête avant de plonger.

Les stablecoins : Une oasis de stabilité dans un océan de volatilité

Si vous avez déjà suivi le cours du Bitcoin, vous savez à quel point les cryptos peuvent être imprévisibles. Une journée, elles montent en flèche ; le lendemain, elles chutent brutalement. Dans ce contexte, les **stablecoins** jouent un rôle crucial. Ce sont des cryptos conçues pour maintenir une valeur stable, généralement en étant adossées à une monnaie traditionnelle comme le dollar ou à un actif comme l'or.

Le stablecoin le plus connu ? **Tether (USDT)**. Chaque USDT est censé être soutenu par un dollar en réserve. D'autres stablecoins, comme **USD Coin (USDC)** ou **Binance USD (BUSD)**, fonctionnent de manière similaire.

Mais il existe aussi des stablecoins dits « algorithmiques ». Au lieu d'être adossés à des réserves physiques, ils utilisent des algorithmes complexes pour maintenir leur stabilité. L'idée est fascinante, mais elle n'est pas sans risques. Vous avez peut-être entendu parler de **TerraUSD (UST)**, un stablecoin algorithmique qui a perdu sa parité avec le dollar en 2022, causant des milliards de pertes.

Pourquoi les stablecoins sont-ils si importants ? Ils permettent aux investisseurs de se protéger de la volatilité. Si vous pensez que le marché va chuter, vous pouvez vendre vos cryptos volatiles pour des stablecoins et préserver votre capital. Ils sont aussi largement utilisés dans la finance décentralisée (*DeFi*) pour prêter, emprunter ou fournir des liquidités.

Comment choisir une crypto ?

En voyant cette diversité, vous pourriez vous sentir un peu perdu. Chaque type de crypto a ses avantages, mais aussi ses risques. Alors, comment choisir ? Voici une approche simple :

1. **Comprenez son rôle** : Est-ce une crypto d'utilité, de gouvernance ou un stablecoin ?

2. **Évaluez le projet** : Quels problèmes résout-il ? A-t-il une vraie demande ?

3. **Considérez votre stratégie** : Cherchez-vous à spéculer, à investir à long terme, ou simplement à préserver votre capital ?

Les cryptomonnaies, c'est comme un buffet géant : il y a quelque chose pour tout le monde. Mais comme pour tout buffet, il faut savoir choisir avec soin. En comprenant les différents types de cryptos et leurs fonctions, vous serez mieux préparé à faire des choix éclairés et alignés avec vos objectifs financiers.

Et vous ? Quel type de crypto vous intrigue le plus ? Vous pourriez bien découvrir celle qui correspond parfaitement à votre vision et à votre stratégie d'investissement.

Le jargon des cryptos : termes essentiels à connaître

Plonger dans l'univers des cryptomonnaies, c'est comme arriver dans un nouveau pays où tout le monde parle une langue inconnue. « Blockchain », « wallet », « staking », « FOMO »... Ces mots semblent mystérieux, mais rassurez-vous : vous n'êtes pas seul. Ce chapitre est là pour vous guider dans ce dédale de jargon. Comprendre ces termes, c'est comme avoir une carte qui vous aide à naviguer dans cet univers fascinant.

Alors, attachez votre ceinture : on part déchiffrer le langage des cryptos !

Blockchain : La colonne vertébrale des cryptos

Si les cryptomonnaies étaient un organisme vivant, la blockchain serait son système nerveux central. Une blockchain est une base de données décentralisée qui enregistre toutes les transactions d'une crypto. Mais au lieu d'être stockées sur un seul serveur, les données sont réparties sur des milliers d'ordinateurs à travers le monde.

Imaginez un registre géant où chaque page est un « bloc ». Une fois un bloc rempli de transactions, il est scellé et ajouté à une chaîne ininterrompue : la blockchain. Et voici la magie : une fois qu'un bloc est ajouté, il ne peut pas être modifié. C'est cette transparence et cette immutabilité qui rendent les cryptos si fiables (et si révolutionnaires).

Wallet : Votre coffre-fort numérique

Pour détenir des cryptos, vous avez besoin d'un **wallet**, ou portefeuille. Mais attention, il ne s'agit pas d'un portefeuille traditionnel qui contient des billets et des cartes. Un wallet crypto stocke vos **clés privées**, ces codes secrets qui prouvent que vous êtes bien le propriétaire de vos cryptos.

Il existe deux types principaux de wallets :

- **Hot wallet** : Connecté à Internet, il est pratique mais plus vulnérable aux piratages.

- **Cold wallet** : Déconnecté d'Internet, il est ultra-sécurisé et idéal pour du stockage à long terme.

Petit conseil : « Pas vos clés, pas vos cryptos. » Si vos cryptos sont sur une plateforme d'échange, elles ne sont techniquement pas entre vos mains. Posséder un wallet personnel est essentiel pour assurer votre sécurité.

Un exemple concret : mon wallet préféré

Quand j'ai commencé dans les cryptomonnaies, j'étais perdu face au choix des wallets. Mais après avoir testé plusieurs options, j'ai opté pour **Ledger Nano X** comme **cold wallet** pour sécuriser mes actifs à long terme, et **Binance** comme **hot wallet** pour mes transactions quotidiennes.

Pourquoi ces choix ?

- **Ledger Nano X** :
  Ce petit appareil ressemble à une clé USB, mais il est incroyablement sécurisé. Mes clés privées n'y quittent jamais l'appareil, ce qui réduit considérablement les risques de piratage. C'est mon coffre-fort numérique pour les cryptos que je ne touche pas souvent, comme mon Bitcoin et mon Ethereum.

- **Binance** :
  Lorsque j'ai débuté dans les cryptomonnaies, je cherchais une plateforme simple et sécurisée pour gérer mes actifs. Après plusieurs recherches, je me suis tourné vers Binance, une solution complète combinant un exchange performant et un wallet intégré. Ce choix s'est imposé pour plusieurs raisons. Tout d'abord, Binance offre une accessibilité remarquable, permettant de gérer une grande variété de cryptos, des classiques comme Bitcoin et Ethereum aux tokens moins connus, depuis une seule interface intuitive. Ensuite, son wallet intégré rend les actifs directement accessibles, idéal pour effectuer rapidement des transactions comme l'achat, la vente ou l'échange. Côté sécurité, bien qu'il s'agisse d'un hot wallet connecté à Internet, Binance propose des mesures robustes telles que l'authentification à deux facteurs (2FA) et les codes anti-phishing, renforçant la

protection des comptes. Enfin, son interface conviviale et ses guides pas à pas en font une excellente option pour les débutants. Cela dit, par précaution, je ne conserve pas tous mes actifs sur la plateforme : pour ceux destinés à un stockage à long terme, je préfère les transférer vers un wallet hardware comme le Ledger Nano X, afin de garantir une sécurité maximale.

HODL : Quand les fautes de frappe deviennent des stratégies

Vous avez peut-être déjà vu ou entendu le mot « HODL ». Il vient d'une faute de frappe de « hold » (garder) dans un forum Bitcoin en 2013. Mais avec le temps, il a pris un nouveau sens : **Hold On for Dear Life**, ou « garder à tout prix ».

En termes simples, c'est une stratégie d'investissement où vous achetez des cryptos et les conservez, peu importe les fluctuations du marché. Les « hodlers » croient fermement que la valeur des cryptos augmentera à long terme, malgré les montagnes russes du court terme.

Altcoins : Tout ce qui n'est pas Bitcoin

Le terme **altcoin** désigne toutes les cryptomonnaies autres que Bitcoin. Ethereum, Binance Coin, Solana, Cardano, et des milliers d'autres entrent dans cette catégorie. Certains altcoins, comme Ethereum, ont des cas d'usage bien définis, tandis que d'autres sont purement spéculatifs.

Mais attention : tous les altcoins ne sont pas égaux. Beaucoup disparaissent aussi vite qu'ils apparaissent. Une règle d'or : toujours faire vos recherches avant d'investir dans un altcoin.

Staking : Faites travailler vos cryptos

Le **staking** est une méthode pour gagner des récompenses en immobilisant vos cryptos dans un réseau blockchain. Si la preuve de travail (comme celle utilisée par Bitcoin) nécessite des ordinateurs pour résoudre des équations complexes, le staking repose sur la **preuve d'enjeu (Proof of Stake)**.

En bloquant vos cryptos dans un wallet, vous aidez à sécuriser le réseau et à valider les transactions. En échange, vous recevez des récompenses sous forme de nouvelles cryptos. C'est un peu comme placer votre argent à la banque et toucher des intérêts... mais en version crypto.

FOMO : Le piège des émotions

FOMO, ou **Fear Of Missing Out**, signifie « la peur de manquer une opportunité ». Imaginez que le prix d'une crypto grimpe en flèche, et vous avez soudainement l'impression que vous devez acheter, *maintenant*.

Le problème ? Beaucoup d'investisseurs, poussés par le FOMO, achètent au plus haut et subissent des pertes lorsque le marché redescend. Apprendre à gérer vos émotions est l'une des clés pour réussir dans l'investissement crypto.

FUD : Quand la peur prend le dessus

À l'opposé du FOMO, il y a le **FUD : Fear, Uncertainty, Doubt** (Peur, Incertitude, Doute). Ce terme décrit les rumeurs ou nouvelles négatives, parfois délibérément diffusées pour faire chuter le prix d'une crypto.

Un exemple célèbre ? Chaque fois qu'un gouvernement annonce une possible interdiction des cryptos, le FUD envahit le marché. Résultat : les investisseurs paniquent et vendent, souvent au détriment de leurs portefeuilles.

DYOR : Prenez vos propres décisions

Enfin, voici une règle essentielle : **DYOR**, ou **Do Your Own Research** (Faites vos propres recherches). Dans un monde rempli de promesses et de battage médiatique, il est crucial de ne jamais investir aveuglément sur la base d'un conseil ou d'une tendance.

Prenez le temps de comprendre un projet, ses objectifs, son équipe et sa technologie. C'est la meilleure façon de protéger vos investissements et d'éviter les pièges.

Conclusion

Le jargon des cryptos peut sembler intimidant au début, mais chaque mot que vous apprenez est une clé pour mieux naviguer dans ce monde complexe. Vous n'avez pas besoin de tout comprendre du jour au lendemain, mais chaque petit pas compte.

Alors, la prochaine fois que vous entendrez quelqu'un parler de blockchain, de staking ou de FOMO, vous pourrez non seulement suivre la conversation, mais peut-être même y participer avec confiance. Vous êtes sur la bonne voie !

Chapitre 2 : Pourquoi Investir dans les Cryptos ?

Les cryptomonnaies ne sont pas qu'un phénomène de mode, elles représentent une transformation profonde de notre système économique. Ce chapitre examine leur rôle croissant dans l'économie mondiale, en les comparant à d'autres types d'investissements comme les actions ou l'immobilier. Vous y découvrirez les opportunités qu'elles offrent, mais aussi les risques qu'elles comportent. Enfin, nous explorerons les raisons pour lesquelles elles attirent des millions d'investisseurs à travers le monde. Préparez-vous à mieux comprendre pourquoi tant de personnes font confiance à ces actifs numériques.

L'avenir des cryptomonnaies dans l'économie mondiale

Imaginez un monde où vous pouvez envoyer de l'argent à quelqu'un à l'autre bout du globe en quelques secondes, sans passer par une banque, sans frais exorbitants, et avec une totale transparence. Un monde où chaque personne, même sans compte bancaire, peut accéder à un système financier global. Ce monde, autrefois utopique, est en train de devenir réalité grâce aux cryptomonnaies et à la blockchain.

Mais au-delà des promesses, quelle est la place réelle des cryptos dans l'économie mondiale aujourd'hui ? Et surtout, que peut-on attendre de leur avenir ?

Une révolution financière en marche

Pour comprendre pourquoi les cryptomonnaies sont plus qu'un simple buzz, il faut revenir à leur fondement : Bitcoin, la première crypto, est née en réponse à la crise financière de 2008. Son objectif ? Offrir un système financier décentralisé, indépendant des banques et des gouvernements, où chaque transaction est vérifiable par tous.

Depuis, l'idée a fait du chemin. Aujourd'hui, les cryptomonnaies représentent un marché de plusieurs milliers de milliards de dollars et touchent presque tous les secteurs : finance, immobilier, art, gaming, et même la lutte contre le changement climatique.

Les cryptos ne sont pas juste une monnaie alternative. Ce sont des **outils technologiques puissants** qui remettent en question les structures économiques traditionnelles.

Les usages actuels qui redessinent l'économie

1. **Paiements globaux sans frontières**
   Envoyer de l'argent à l'étranger est souvent coûteux et lent. Avec des cryptos comme Bitcoin ou Stellar, les transferts se font presque instantanément, souvent à une fraction du coût des systèmes

traditionnels. Cela a un impact immense dans des régions où les infrastructures bancaires sont insuffisantes.

2. **Accès à la finance pour les non-bancarisés**
   Selon la Banque mondiale, environ 1,4 milliard de personnes dans le monde n'ont pas accès à un compte bancaire. Les cryptos, accessibles via un simple smartphone, leur ouvrent les portes d'un système financier global, leur permettant de participer à l'économie mondiale.

3. **Contrats intelligents et automatisation**
   Avec Ethereum et d'autres plateformes similaires, les **smart contracts** (contrats intelligents) automatisent des transactions complexes sans intermédiaires. Par exemple, dans l'immobilier, un contrat intelligent peut gérer une transaction entre un acheteur et un vendeur sans notaire.

4. **La tokenisation des actifs**
   La blockchain permet de « tokeniser » presque tout : des œuvres d'art aux actions d'entreprises en passant par des parcelles de terrain. Cela signifie que des actifs auparavant difficiles à diviser ou à vendre deviennent accessibles à un public mondial.

Vers une économie décentralisée

L'idée d'une économie décentralisée est au cœur de la vision des cryptos. Actuellement, la plupart des systèmes économiques sont centralisés : les banques, les gouvernements et les grandes entreprises détiennent un pouvoir considérable.

Les cryptomonnaies et la blockchain remettent en question cette dynamique en permettant à chaque individu de prendre le contrôle de ses propres actifs. Imaginez un monde où vous n'avez plus besoin de banque pour obtenir un prêt ou envoyer de l'argent, où vous pouvez investir directement dans des projets partout dans le monde, sans intermédiaire.

Cela pourrait conduire à une redistribution massive du pouvoir économique, surtout dans les pays émergents.

Les défis à surmonter

Bien sûr, tout n'est pas rose. Pour que les cryptos atteignent leur plein potentiel, plusieurs obstacles doivent être surmontés :

1. **Réglementation**
   Les gouvernements du monde entier hésitent encore à adopter une position claire sur les cryptos. Certains pays les embrassent, comme El Salvador, qui a fait du Bitcoin une monnaie légale. D'autres, comme la Chine, les interdisent partiellement ou totalement. Cette incertitude freine l'adoption massive.

2. **Volatilité**
   La valeur des cryptos fluctue souvent de manière spectaculaire. Bien que cela représente une opportunité pour les traders, cela complique leur adoption comme monnaie stable pour les transactions quotidiennes.

3. **Éducation et adoption**
   Beaucoup de gens ne comprennent toujours pas comment fonctionnent les cryptos ou les considèrent comme trop complexes. L'éducation sera essentielle pour démocratiser leur utilisation.

4. **Impact environnemental**
   Certaines cryptos, comme Bitcoin, consomment énormément d'énergie pour leur fonctionnement (preuve de travail). Bien que des solutions comme la preuve d'enjeu soient plus écologiques, le débat sur l'impact environnemental persiste.

L'avenir : une intégration progressive et incontournable

Alors, à quoi pourrait ressembler l'économie mondiale dans 10, 20 ou 50 ans avec les cryptos ?

- **Monnaies numériques des banques centrales (CBDC)**
  Plusieurs pays développent déjà leurs propres cryptos, appelées **CBDC** (Central Bank Digital Currencies). Ces monnaies, contrôlées

par les banques centrales, pourraient combiner la stabilité des devises traditionnelles avec l'efficacité des cryptos.

- **Adoption massive dans les transactions**
  De plus en plus de grandes entreprises acceptent déjà les cryptos comme moyen de paiement. À l'avenir, acheter une maison ou payer son café avec des cryptos pourrait devenir aussi courant que de passer sa carte bancaire aujourd'hui.

- **Un nouveau rôle pour les gouvernements**
  Les cryptos pourraient forcer les gouvernements à repenser leur rôle dans l'économie, notamment en matière de fiscalité et de contrôle monétaire.

Conclusion : Un futur en construction

Les cryptomonnaies ne sont pas une simple mode : elles sont le symbole d'un changement profond dans notre façon de penser la finance et l'économie. Bien que des défis subsistent, leur potentiel est immense, et leur rôle dans l'économie mondiale ne fera que croître.

Pour vous, en tant qu'investisseur, comprendre cette révolution et s'y préparer dès maintenant pourrait être l'un des meilleurs choix que vous ferez pour votre avenir financier. **Le train des cryptos est en marche : la question est de savoir si vous voulez monter à bord ou rester à quai.**

Comparaison avec d'autres investissements

Investir, c'est un peu comme choisir un chemin dans une forêt dense. Chaque sentier a ses promesses, ses pièges, et son allure. Depuis des décennies, des options traditionnelles comme les actions, l'immobilier ou l'or ont servi de boussole à des générations d'investisseurs. Mais les cryptomonnaies, ces nouveaux venus, ont ajouté une dimension totalement différente au paysage financier. Alors, comment les cryptos se comparent-elles aux autres formes d'investissement ? Et surtout, pourquoi devriez-vous envisager de leur faire une place dans votre portefeuille ?

Les actions : un pilier historique, mais avec des limites

Les actions représentent depuis longtemps le symbole de la croissance économique. Lorsque vous achetez des actions, vous détenez une part d'une entreprise. Cela peut sembler rassurant : vous investissez dans des entreprises tangibles, avec des produits ou services que vous pouvez comprendre. Et les marchés boursiers ont effectivement prouvé qu'ils pouvaient générer des rendements solides sur le long terme.

Mais soyons honnêtes : investir en bourse n'est pas sans obstacles.

D'abord, les marchés boursiers sont étroitement liés à l'économie mondiale et aux décisions des banques centrales. Une hausse des taux d'intérêt, une crise économique ou même une rumeur peut faire chuter les marchés du jour au lendemain. Ensuite, les rendements des actions sont souvent considérés comme "prévisibles", mais cela signifie aussi qu'ils sont plus lents. Vous ne verrez pas vos investissements doubler en une semaine – à moins d'un coup de chance ou d'une prise de risque insensée.

Les cryptos, en revanche, offrent une volatilité beaucoup plus élevée. Cela peut sembler effrayant, mais c'est aussi une opportunité. Une crypto peut voir sa valeur exploser en quelques jours grâce à une adoption massive ou à une annonce majeure. Bien sûr, cette volatilité est une arme à double tranchant, mais pour ceux qui savent gérer les risques, elle peut être extrêmement lucrative.

L'immobilier : la sécurité à un prix élevé

L'immobilier est souvent présenté comme l'investissement ultime : tangible, stable et capable de générer des revenus passifs grâce aux loyers. Si vous achetez une maison ou un appartement, vous possédez un bien réel que vous pouvez toucher et voir. De plus, l'immobilier a tendance à augmenter en valeur sur le long terme, ce qui en fait un choix populaire pour sécuriser son patrimoine.

Mais il y a un revers de la médaille que peu de gens abordent.

Investir dans l'immobilier demande un capital initial élevé. Même avec un prêt bancaire, vous devez disposer d'un apport important, sans parler des frais de notaire, des taxes, des coûts d'entretien, et des éventuels imprévus. De plus, l'immobilier est tout sauf liquide : si vous avez besoin d'argent rapidement, vendre un bien peut prendre des mois.

Les cryptos, par contraste, offrent une accessibilité inégalée. Vous pouvez commencer avec aussi peu que 10 € et ajuster votre investissement à tout moment. Pas besoin de contrat de vente ou de longues démarches administratives. De plus, les cryptos sont disponibles 24 heures sur 24, 7 jours sur 7. Les marchés traditionnels, eux, ferment leurs portes le week-end.

L'or : une valeur refuge intemporelle, mais figée dans le passé

L'or est souvent considéré comme un "port sûr". Lorsque les marchés vacillent, de nombreux investisseurs se tournent vers ce métal précieux pour protéger leur patrimoine. Après tout, l'or a résisté à l'épreuve du temps. Il a traversé les guerres, les récessions et les crises monétaires sans perdre sa valeur.

Cependant, investir dans l'or a ses limites. D'abord, l'or ne génère pas de revenus : vous ne recevez pas d'intérêts, de dividendes ou de loyers. De plus, sa valeur est largement influencée par des facteurs géopolitiques et économiques, ce qui le rend parfois imprévisible. Enfin, stocker de l'or physique peut être coûteux et risqué.

Les cryptomonnaies comme le Bitcoin sont souvent appelées "l'or numérique". Elles partagent certaines des caractéristiques de l'or, comme la rareté et la résistance à l'inflation. Mais elles vont bien au-delà : elles sont plus faciles à transférer, à stocker et à utiliser dans des transactions. Là où l'or est statique, le Bitcoin est dynamique.

Les obligations : une promesse de sécurité, mais à quel prix ?

Les obligations sont l'option préférée des investisseurs conservateurs. Vous prêtez de l'argent à une entreprise ou à un gouvernement, et en échange, vous recevez des intérêts réguliers. Cela semble simple et sûr, surtout si vous investissez dans des obligations d'État.

Mais dans un environnement de taux d'intérêt bas, les rendements des obligations sont souvent dérisoires. Et contrairement aux cryptos, elles n'offrent pas d'opportunité de croissance rapide. Les obligations sont une option pour préserver son capital, mais elles ne vous rendront pas riche.

Les cryptos, à l'inverse, ont le potentiel de transformer un petit investissement en une fortune – à condition de savoir ce que vous faites.

Les cryptomonnaies : un investissement d'avenir

Alors, où se situent les cryptos dans ce panorama ?

Les cryptos ne remplacent pas forcément ces investissements traditionnels : elles les complètent. Elles apportent une diversification à votre portefeuille, offrant des opportunités de croissance rapide et une protection contre l'inflation.

Prenez l'exemple des stablecoins, des cryptos adossées à des actifs comme le dollar américain. Ils offrent une stabilité qui peut rivaliser avec celle des obligations, tout en étant beaucoup plus liquides.

De même, des projets comme Ethereum ou Binance Coin ne sont pas seulement des actifs : ce sont des écosystèmes entiers qui révolutionnent la manière dont nous interagissons avec la technologie. Investir dans ces cryptos, c'est parier sur l'avenir de l'innovation technologique.

Un équilibre à trouver

Chaque type d'investissement a ses forces et ses faiblesses. Les actions offrent la stabilité à long terme. L'immobilier offre la sécurité physique. L'or protège contre l'incertitude. Et les obligations promettent des rendements réguliers.

Mais les cryptos ajoutent une nouvelle dimension à cette équation : la possibilité de participer à une révolution économique mondiale.

Cela ne signifie pas que vous devez tout miser sur les cryptos, bien au contraire. Comme pour tout investissement, la clé est dans la diversification. Mais ignorer les cryptos, c'est risquer de passer à côté de l'une des plus grandes opportunités de notre époque.

Alors, demandez-vous : **votre portefeuille est-il prêt pour l'avenir ?**

Opportunités et risques : ce que tout investisseur doit savoir

Lorsque l'on parle d'investissement en cryptomonnaies, on entre dans un univers qui mêle promesses de gains spectaculaires et risques vertigineux. C'est un peu comme naviguer en pleine mer : il y a des trésors cachés sous les vagues, mais aussi des tempêtes capables de tout emporter. Ce chapitre a pour but de vous donner les outils pour identifier les opportunités, tout en comprenant les dangers qui guettent.

Les opportunités : un potentiel inédit de transformation financière

1. Une adoption mondiale en plein essor

Les cryptomonnaies ne sont plus réservées à une poignée de passionnés de technologie. Aujourd'hui, des millions de personnes dans le monde les utilisent : pour investir, pour envoyer de l'argent à l'étranger, ou même pour effectuer des paiements quotidiens. Des entreprises comme Tesla, PayPal, et même des gouvernements explorent activement leur potentiel.

Imaginez ceci : vous possédez une crypto qui devient le standard mondial pour les paiements numériques. Son adoption pourrait multiplier sa valeur par 10, 100, voire davantage. C'est là toute la promesse des cryptomonnaies : être à l'avant-garde d'une révolution technologique et économique.

2. Des rendements potentiellement spectaculaires

Si vous regardez les performances passées de certaines cryptos, elles défient l'imagination. Un Bitcoin acheté pour quelques centimes en 2010 vaut aujourd'hui des dizaines de milliers de dollars. Ethereum, quant à lui, a vu son prix exploser de plusieurs milliers de pourcents depuis sa création.

Bien sûr, ces rendements ne sont pas garantis, mais ils illustrent le potentiel des cryptos. Aucun autre marché d'investissement n'a offert une telle croissance en si peu de temps.

3. Une finance accessible à tous

Avec les cryptos, vous n'avez pas besoin d'être riche pour commencer à investir. Contrairement à l'immobilier ou même à certaines actions, vous pouvez acheter une fraction de Bitcoin ou d'Ethereum pour quelques euros. Cela ouvre les portes de l'investissement à des millions de personnes dans le monde, y compris celles qui n'ont pas accès aux systèmes bancaires traditionnels.

4. Diversification et protection contre l'inflation

Les cryptos comme le Bitcoin sont souvent considérées comme une "valeur refuge numérique". Avec une offre limitée à 21 millions de Bitcoins, elles sont protégées contre l'inflation, contrairement aux monnaies fiduciaires. De plus, elles permettent de diversifier un portefeuille, réduisant les risques globaux en cas de crise économique.

Les risques : le prix à payer pour l'innovation

1. Une volatilité extrême

Si les cryptos peuvent offrir des gains importants, elles peuvent aussi subir des baisses spectaculaires. Imaginez investir 1 000 € et voir votre portefeuille perdre 50 % de sa valeur en une semaine : c'est la réalité des marchés crypto.

Mais pourquoi une telle volatilité ?

D'une part, le marché des cryptos est encore jeune. Comparé aux marchés boursiers ou à l'immobilier, il manque de maturité et est influencé par des événements imprévisibles, comme des régulations soudaines ou des tweets de personnalités influentes.

2. Les risques technologiques

Les cryptomonnaies reposent sur des technologies complexes. Bien que la blockchain soit sécurisée, cela ne signifie pas qu'il n'y a aucun risque. Des piratages de plateformes d'échange, des erreurs de manipulation ou des failles dans les contrats intelligents peuvent entraîner des pertes importantes.

Prenez par exemple le cas de la plateforme Mt. Gox, autrefois l'une des plus grandes plateformes d'échange de Bitcoin. En 2014, elle a été piratée, et des centaines de milliers de Bitcoins ont disparu, laissant des investisseurs ruinés.

3. Les arnaques et projets frauduleux

Avec l'essor des cryptomonnaies, de nombreux escrocs ont flairé l'opportunité de tromper les investisseurs. Des projets sans valeur réelle, des promesses de rendements impossibles, ou même des pyramides de Ponzi déguisées en cryptos ont fait perdre des milliards à des investisseurs mal informés.

En tant qu'investisseur, il est crucial d'apprendre à identifier les projets sérieux et à éviter les "shitcoins", ces cryptos créées uniquement pour soutirer de l'argent aux novices.

4. La réglementation et les incertitudes juridiques

Les gouvernements du monde entier cherchent encore à comprendre comment encadrer les cryptomonnaies. Certaines régulations peuvent être favorables, mais d'autres peuvent freiner leur adoption ou limiter leur utilisation.

Imaginez un pays décidant de bannir les cryptos, comme la Chine l'a fait en interdisant le minage. Cela peut provoquer des chutes brutales sur le marché et affecter la confiance des investisseurs.

5. La dépendance à l'évolution technologique

Enfin, il ne faut pas oublier que les cryptos sont une technologie. Comme toute technologie, elles peuvent devenir obsolètes. Si une nouvelle innovation remplace les blockchains actuelles, certaines cryptos pourraient perdre leur valeur.

Comment maximiser les opportunités tout en minimisant les risques ?

1. Formez-vous avant d'investir

La première étape pour réussir dans les cryptos est l'éducation. Comprenez ce dans quoi vous investissez. Lisez des livres, suivez des experts crédibles, et posez toujours des questions avant de prendre une décision.

2. Diversifiez votre portefeuille

Ne mettez pas tous vos œufs dans le même panier. Investissez dans plusieurs cryptomonnaies, mais aussi dans d'autres actifs traditionnels comme les actions ou l'immobilier.

3. Investissez uniquement ce que vous pouvez vous permettre de perdre

Les cryptos ne sont pas une solution miracle. Considérez votre investissement comme une part de votre portefeuille global, et ne misez pas vos économies ou votre argent destiné à des besoins essentiels.

4. Soyez patient et stratégique

Le marché des cryptos est un marathon, pas un sprint. Évitez de paniquer face aux fluctuations et adoptez une stratégie à long terme.

Conclusion : Une opportunité à saisir, avec prudence

Les cryptos offrent un potentiel unique : celui de transformer la finance mondiale et de donner à chacun une chance de participer à cette révolution. Mais elles viennent aussi avec des défis importants.

En comprenant à la fois les opportunités et les risques, vous pouvez investir intelligemment, maximiser vos gains et, surtout, éviter les erreurs coûteuses. La clé, c'est de toujours garder un équilibre : saisir les opportunités sans jamais perdre de vue les risques.

Alors, prêt à explorer cet univers fascinant ? **À vous de jouer.**

La démocratisation de la finance : un système pour tous

Imaginez un monde où envoyer de l'argent de Paris à Lagos est aussi simple, rapide et peu coûteux qu'envoyer un SMS. Un monde où n'importe qui, qu'il soit à New York ou dans un petit village sans banque, peut accéder aux mêmes opportunités financières. Ce n'est pas un rêve lointain : c'est ce que les cryptomonnaies promettent de réaliser.

Dans ce sous-chapitre, je vais vous montrer comment les cryptos brisent les barrières des systèmes financiers traditionnels et offrent à des millions de personnes une chance de participer à l'économie mondiale, même si elles en ont été exclues jusqu'ici.

Les limites des systèmes financiers traditionnels

Pour comprendre pourquoi les cryptos sont une révolution, il faut d'abord regarder les failles du système actuel. Les banques ont longtemps été les gardiennes de notre argent, mais elles ne sont pas accessibles à tout le monde.

Prenons un exemple concret : des travailleurs expatriés, comme ceux qui envoient de l'argent à leur famille dans leur pays d'origine. Les transferts internationaux via des services comme Western Union ou MoneyGram sont souvent lents et coûteux, avec des frais qui peuvent atteindre 10 % du montant envoyé. Imaginez envoyer 200 €, mais que 20 € soient avalés en frais !

De plus, près de 1,4 milliard de personnes dans le monde n'ont pas accès aux services bancaires de base. Pourquoi ? Parce qu'elles n'ont pas de pièces d'identité officielles, vivent dans des zones rurales ou ne disposent pas des revenus suffisants pour ouvrir un compte. Résultat : elles sont exclues du système financier, sans possibilité d'épargner ou d'investir.

Comment les cryptos changent la donne

Les cryptomonnaies ne demandent qu'une seule chose pour fonctionner : un smartphone et une connexion Internet. Vous n'avez pas besoin de carte d'identité, de justificatif de domicile ou de votre historique de crédit. Avec un simple portefeuille crypto, vous pouvez stocker, envoyer, recevoir, et même investir de l'argent, peu importe où vous êtes.

1. Des transactions accessibles à tous

Contrairement aux banques, qui imposent des horaires et des frais élevés, les cryptomonnaies fonctionnent 24h/24, 7j/7. Et les frais de transaction ? Souvent dérisoires. Prenons l'exemple du Bitcoin : vous pouvez envoyer l'équivalent de plusieurs milliers d'euros à l'autre bout du monde pour quelques centimes.

2. Décentralisation : votre argent, vos règles

Avec les cryptos, il n'y a pas d'intermédiaire pour bloquer votre argent ou décider comment vous pouvez l'utiliser. Vous êtes en contrôle total de vos fonds. Cette autonomie est particulièrement précieuse dans des pays où les gouvernements ou les banques imposent des restrictions sur l'utilisation de la monnaie locale.

Des exemples concrets de démocratisation financière

Les transferts transfrontaliers : une solution révolutionnaire

Supposons que vous vivez en Europe et que vous voulez envoyer de l'argent à votre famille en Afrique ou en Asie. Au lieu de passer par une banque ou un service traditionnel, vous utilisez une cryptomonnaie comme Stellar (XLM) ou Ripple (XRP). En quelques secondes, l'argent arrive, sans frais excessifs, et peut être échangé contre la monnaie locale.

Protéger son épargne face à l'inflation

Dans des pays comme le Venezuela, où l'inflation atteint des milliers de pourcents, les cryptos sont devenues une bouée de sauvetage. Au lieu de voir leur argent perdre de sa valeur chaque jour, les habitants peuvent convertir leurs bolivars en Bitcoin ou en stablecoins comme l'USDT (adossés au dollar), leur permettant de préserver leur pouvoir d'achat.

La finance décentralisée (DeFi)

La DeFi est un autre exemple de la puissance des cryptos. Imaginez pouvoir emprunter de l'argent sans passer par une banque, ou épargner avec des taux d'intérêt bien supérieurs à ceux des banques traditionnelles. La DeFi rend tout cela possible, directement depuis votre téléphone.

Une inclusion financière mondiale

Les cryptos offrent une chance unique de réduire les inégalités économiques. Dans des régions où les banques ne voient pas d'intérêt à s'implanter, la blockchain agit comme une solution universelle. Avec un smartphone, vous pouvez accéder aux mêmes outils financiers que quelqu'un vivant dans un grand centre urbain.

Pourtant, cette inclusion ne se limite pas aux populations marginalisées. Même dans les pays développés, les cryptos permettent d'échapper à certains abus du système financier : frais bancaires injustifiés, délais de traitement des transactions, ou encore manque de transparence.

Un système encore jeune, mais prometteur

Bien sûr, tout n'est pas encore parfait. Les cryptos restent volatiles, et leur adoption à grande échelle nécessite encore du temps. Mais les bases sont là, et chaque jour, des millions de personnes découvrent les avantages qu'elles apportent.

Investir dans les cryptos, c'est plus qu'une opportunité financière : c'est contribuer à une vision où la finance est accessible à tous, peu importe son origine ou sa situation. Et qui sait ? Peut-être que, dans quelques années, vous regarderez en arrière et vous direz : « J'étais là au début de cette révolution. »

Alors, êtes-vous prêt à faire partie du changement ?

Chapitre 3 : Évaluer et Sélectionner les Bons Projets

Investir dans les cryptomonnaies, ce n'est pas simplement acheter un jeton et espérer qu'il prenne de la valeur. Derrière chaque projet, il y a une équipe, une vision, et des technologies qui varient considérablement. Mais comment séparer les opportunités solides des mirages ? Ce chapitre vous guidera dans l'art de l'analyse, vous montrant comment identifier les projets dignes de votre temps et de votre argent.

Les critères d'analyse : l'équipe, le cas d'usage, et plus

Lorsque vous investissez dans des cryptomonnaies, il est crucial de ne pas simplement regarder les chiffres et les graphiques. Un projet crypto solide repose sur des bases solides, et ces bases sont souvent invisibles à première vue. Derrière chaque token, il y a une équipe, une vision, un cas d'usage. Ce sont ces éléments qui détermineront si un projet est prometteur ou s'il risque de s'effondrer. Alors, comment évaluer ces critères avec discernement ? Comment identifier les projets qui ont un réel potentiel à long terme ?

1. L'équipe : un critère incontournable

L'une des premières choses à vérifier lorsque vous examinez un projet crypto est **l'équipe derrière celui-ci**. Une équipe solide, expérimentée et crédible est souvent un gage de succès. Les fondateurs et les développeurs sont les véritables moteurs du projet. C'est eux qui ont une vision et des compétences pour résoudre les problèmes et faire avancer l'écosystème. Alors, comment savoir si une équipe est digne de confiance ?

Vérifiez l'expérience de l'équipe

Renseignez-vous sur les membres clés de l'équipe : ont-ils déjà travaillé sur des projets de blockchain ou dans des domaines liés à la technologie ? Ont-ils une expérience avérée dans le secteur financier, informatique ou cryptographique ? Une équipe qui a déjà réussi dans des projets antérieurs est souvent un bon signe, car elle sait comment surmonter les défis techniques et les obstacles du marché.

Prenons **Ethereum** comme exemple : l'équipe fondatrice, menée par **Vitalik Buterin**, est composée d'experts en cryptographie et en technologie. Leur expérience dans le développement de la blockchain et leur réputation dans la communauté ont été déterminants dans la réussite d'Ethereum.

Cherchez des partenariats solides

Les partenariats stratégiques sont un autre indicateur de la solidité de l'équipe. Si un projet s'associe avec des entreprises respectées ou des institutions financières majeures, cela peut renforcer sa crédibilité. Ces partenariats offrent non seulement un soutien financier, mais aussi une validation par des acteurs de l'industrie.

2. Le cas d'usage : résoudre un problème réel

Un autre critère crucial pour évaluer un projet crypto est **le cas d'usage**. Autrement dit, quel problème le projet cherche-t-il à résoudre ? Les cryptomonnaies qui réussissent sont souvent celles qui apportent une solution tangible à un problème existant, qu'il s'agisse de rendre les paiements plus rapides et moins chers, de démocratiser l'accès à la finance, ou d'améliorer la sécurité des transactions.

Est-ce que la crypto a une utilité concrète ?

Avant d'investir, demandez-vous si le projet a une véritable utilité. Est-ce qu'il résout un problème réel de manière plus efficace que les alternatives existantes ? Par exemple, **Chainlink** offre des solutions pour connecter des contrats intelligents avec des données du monde réel, ce qui permet de faire fonctionner des applications décentralisées. Cette utilité pratique a permis à Chainlink de se faire un nom dans le monde de la blockchain.

Le marché cible

Le marché cible est également un facteur à considérer. Un projet avec un cas d'usage bien défini et un marché cible spécifique a plus de chances de réussir. Les projets qui visent des secteurs à fort potentiel de croissance, comme la finance décentralisée (DeFi) ou les NFT, sont des candidats intéressants. L'important est de vérifier si ce marché a réellement besoin de ce que le projet propose.

3. La technologie et l'architecture

Un autre critère essentiel dans l'évaluation d'un projet crypto est la **technologie sous-jacente**. La blockchain, le consensus, et l'architecture technique sont des éléments fondamentaux qui détermineront la scalabilité, la sécurité et la vitesse des transactions.

Le consensus : preuve de travail vs preuve d'enjeu

Comme nous l'avons vu dans le chapitre précédent, les mécanismes de consensus comme la **preuve de travail** (Proof of Work, PoW) et la **preuve d'enjeu** (Proof of Stake, PoS) jouent un rôle central dans le fonctionnement des cryptomonnaies. Chaque mécanisme a ses avantages et inconvénients, et choisir un projet avec un consensus fiable et sécurisé est indispensable. Un projet qui combine technologie avancée et sécurité robuste aura un meilleur potentiel sur le long terme.

Scalabilité et vitesse des transactions

La scalabilité désigne la capacité d'un réseau à supporter une croissance massive d'utilisateurs sans sacrifier la performance. Ethereum, par exemple, a rencontré des problèmes de scalabilité dans ses premières versions. Cependant, avec l'introduction de **Ethereum 2.0**, qui utilise la preuve d'enjeu, ce problème devrait être largement résolu. Vérifiez donc la capacité technique du projet à gérer un grand volume de transactions sans ralentissements ou frais excessifs.

4. La communauté et l'adoption

Enfin, un facteur souvent négligé mais crucial dans l'évaluation d'un projet crypto est la **communauté** qui le soutient. Une communauté engagée est l'un des signes les plus importants qu'un projet a un réel potentiel. Les projets qui ne parviennent pas à attirer une base d'utilisateurs solide ou à créer un véritable engouement risquent de stagner.

Vérifiez l'engagement de la communauté

Recherchez des forums, des discussions sur Reddit, Twitter, et d'autres plateformes pour voir si les utilisateurs sont engagés et enthousiastes. Une communauté active et une forte présence en ligne peuvent être des indicateurs de la viabilité du projet à long terme.

5. Le tokenomics : l'économie du token

Les **tokenomics**, ou l'économie autour d'un token, est un autre critère vital pour évaluer un projet. Il s'agit de comprendre comment le token est distribué, son offre totale, et les incitations à le détenir ou à l'utiliser. Certains projets font l'erreur de créer une offre de tokens trop importante, ce qui peut diluer leur valeur. D'autres ont une politique monétaire bien pensée qui assure un équilibre entre l'offre et la demande.

Conclusion

En résumé, évaluer un projet crypto ne se fait pas uniquement sur des critères superficiels. L'équipe, le cas d'usage, la technologie, la communauté et la tokenomics sont tous des éléments essentiels qui détermineront si un projet est viable sur le long terme. Si vous êtes capable de décoder ces critères, vous serez mieux préparé à faire des investissements éclairés et à éviter les pièges courants. Gardez à l'esprit qu'un projet qui coche toutes ces cases a de meilleures chances de croître, mais comme dans tout investissement, il n'y a jamais de garantie absolue

Études de cas : succès et échecs dans le monde des cryptos

L'une des meilleures façons de comprendre ce qui fait le succès ou l'échec d'un projet crypto est d'analyser les exemples réels. Cela vous permet non seulement de mieux saisir les critères que nous avons abordés précédemment, mais aussi de comprendre les dynamiques du marché de manière plus concrète. Dans ce sous-chapitre, nous allons examiner deux exemples bien distincts : l'un de succès éclatant, **Ethereum**, et l'autre d'échec dramatique, **FTX**.

1. Le succès d'Ethereum : une vision, une technologie, une révolution

Lorsque nous parlons de **succès** dans l'univers des cryptomonnaies, **Ethereum** est l'un des exemples les plus probants. Pourquoi ? Parce qu'Ethereum n'a pas seulement été une autre monnaie numérique, mais une **plateforme** permettant à d'autres projets de naître et de prospérer. Avant Ethereum, Bitcoin régnait en maître, mais il n'avait pas la flexibilité pour supporter des applications décentralisées (dApps) ou des contrats intelligents.

Une vision claire et un cas d'usage solide

L'histoire d'Ethereum commence avec **Vitalik Buterin**, un jeune programmeur et visionnaire. Vitalik a vu un problème avec Bitcoin : bien que la blockchain de Bitcoin soit incroyablement sécurisée, elle ne permettait pas d'aller au-delà du simple transfert de valeur. Il voulait créer une plateforme capable d'héberger des contrats intelligents — des programmes informatiques autonomes qui s'exécutent lorsqu'un certain nombre de conditions sont remplies.

La vision de Vitalik était de permettre aux développeurs de créer des applications décentralisées, tout en restant dans un cadre sécurisé et transparent. Cette vision a immédiatement résonné avec la communauté crypto, et Ethereum est né. Ethereum a proposé une solution unique en permettant à chacun de déployer ses propres contrats intelligents sur sa blockchain.

La technologie sous-jacente et l'adoption

Ethereum s'est distingué par sa technologie, notamment son langage de programmation appelé **Solidity**, conçu pour faciliter la création de contrats intelligents. Cette simplicité et flexibilité ont attiré des milliers de développeurs à construire sur la blockchain Ethereum. La naissance des **ICO** (Initial Coin Offerings) — une méthode de levée de fonds pour des projets blockchain — a été rendue possible grâce à Ethereum. De nombreux projets ont vu le jour via la blockchain Ethereum, ce qui a multiplié son adoption.

La communauté et les partenariats

Un autre facteur clé du succès d'Ethereum a été sa **communauté** active et ses **partenariats** stratégiques. La blockchain a attiré l'attention d'acteurs majeurs du secteur technologique et financier. Par exemple, **ConsenSys**, une entreprise fondée par Joseph Lubin, l'un des cofondateurs d'Ethereum, a joué un rôle essentiel dans la croissance de l'écosystème Ethereum.

La **DeFi** (finance décentralisée), les **NFT** (tokens non fongibles) et de nombreux autres domaines ont vu leur essor grâce à Ethereum, ce qui en fait une plateforme incontournable dans le monde de la blockchain.

2. L'échec de FTX : l'histoire d'un collapse dramatique

D'un autre côté, l'histoire de **FTX** est un exemple frappant de la rapidité avec laquelle un projet crypto peut s'effondrer lorsqu'il manque de transparence, de régulation et de pratiques solides. FTX, l'un des plus grands échanges de cryptomonnaies au monde, a été fondé en 2017 par **Sam Bankman-Fried**. À son apogée, FTX était valorisé à plus de 30 milliards de dollars et attirait des millions d'utilisateurs avec sa promesse de rendre le trading de cryptomonnaies accessible à tous.

Un manque de transparence et de contrôles

Le principal problème avec FTX a été un **manque de transparence** et une gestion financière douteuse. À l'origine, l'échange se présentait comme une plateforme innovante, avec des frais réduits et une interface facile à utiliser. Cependant, il a rapidement été révélé que FTX ne gérait pas correctement ses fonds et qu'il utilisait l'argent des clients pour financer d'autres activités à haut risque, notamment à travers la société sœur **Alameda Research**. Cela a mené à une grave crise de liquidité, et à la faillite soudaine de l'échange en novembre 2022.

La confiance brisée

L'un des aspects les plus choquants de l'effondrement de FTX a été le **perte de confiance** qu'il a générée dans l'écosystème crypto. L'échange était extrêmement populaire, et de nombreux utilisateurs, y compris des célébrités et des institutions, lui faisaient confiance. Cependant, dès que la vérité sur la mauvaise gestion des fonds a éclaté, la confiance des utilisateurs a été brisée. Des millions de personnes ont perdu leurs économies, et des centaines de millions de dollars se sont évaporés en quelques jours.

Les leçons à tirer de l'échec de FTX

L'effondrement de FTX nous rappelle plusieurs choses essentielles à propos de l'investissement dans les cryptomonnaies. Premièrement, **la transparence et la régulation** sont primordiales. Les plateformes qui n'offrent pas une transparence totale sur leur gestion et leur sécurité sont des risques énormes. Deuxièmement, il est essentiel de **diversifier ses investissements**. Ne jamais mettre tous ses œufs dans le même panier, surtout sur une plateforme où vous ne contrôlez pas vos actifs. Enfin, il faut être particulièrement vigilant avec les projets qui semblent trop beaux pour être vrais, ou qui n'ont pas suffisamment de garde-fous en place pour éviter ce genre de catastrophe.

3. Autres exemples de succès et d'échecs

Au-delà de **Ethereum** et **FTX**, il existe d'autres projets qui illustrent également la diversité des réussites et des échecs dans l'univers des cryptos.

Le succès de Binance Coin (BNB)

Prenons l'exemple de **Binance Coin (BNB)**. Binance est l'une des plateformes d'échange les plus populaires au monde, et son token natif, BNB, a connu une montée en flèche en raison de son utilisation pour réduire les frais de trading et d'autres avantages au sein de l'écosystème Binance. Binance a su évoluer et diversifier son activité, passant de simple échange de cryptomonnaies à un acteur majeur de la **finance décentralisée** et des **NFT**.

L'échec de Terra (LUNA)

De l'autre côté, nous avons **Terra (LUNA)**, un projet basé sur une stablecoin algorithmique qui a échoué en 2022. La stablecoin de Terra, **UST**, était censée maintenir une valeur stable grâce à un algorithme, mais en mai 2022, la valeur du token a chuté de manière catastrophique, entraînant une chute vertigineuse du prix de LUNA et des pertes massives pour les investisseurs. Terra a montré à quel point un projet basé sur des mécanismes fragiles peut se retrouver à l'origine d'une crise dans le monde des cryptos.

Conclusion : Apprendre de l'expérience

Les histoires de **succès** comme celles d'Ethereum et de **d'échecs** comme FTX ou Terra nous enseignent une leçon importante : l'investissement dans les cryptomonnaies peut être à la fois passionnant et risqué. Les projets qui réussissent sont ceux qui combinent une vision claire, une technologie solide, une équipe compétente, et une véritable utilité. Les échecs, quant à eux, révèlent souvent des problèmes de gestion, de transparence et de régulation.

En tant qu'investisseur, il est essentiel de tirer parti de ces exemples pour développer un regard critique et informé sur les projets que vous choisissez de soutenir. N'oubliez pas que même les projets les plus prometteurs peuvent échouer si les fondations sont fragiles. Donc, restez vigilant, informé et prêt à ajuster vos choix en fonction de l'évolution du marché.

Utiliser les outils pour analyser les projets

Dans le monde des cryptomonnaies, les outils d'analyse sont vos meilleurs alliés. Ils vous permettent de naviguer dans cet univers complexe en évaluant les projets de manière structurée et rationnelle. Mais si vous êtes nouveau dans ce domaine, il est normal de vous sentir un peu dépassé par la quantité d'informations disponibles et les nombreux indicateurs à considérer. Ce sous-chapitre a pour but de vous guider pas à pas dans l'utilisation des outils essentiels pour évaluer les projets crypto, afin que vous puissiez investir avec confiance et sérénité.

Pourquoi utiliser des outils d'analyse ?

Imaginez que vous êtes sur le point d'acheter une maison. Vous ne vous contenteriez pas de la regarder de l'extérieur avant de signer le contrat, n'est-ce pas ? Vous voudriez connaître son état général, les matériaux utilisés, le quartier dans lequel elle se trouve, et même son potentiel de revente. C'est exactement la même chose pour les cryptomonnaies. Les outils d'analyse sont là pour vous donner une vue détaillée des projets et vous aider à répondre à des questions essentielles :

- **Ce projet est-il fiable ?**
- **Son équipe est-elle compétente et transparente ?**
- **Quelle est la réelle utilité de cette cryptomonnaie ?**
- **Quel est son potentiel de croissance ?**

Se fier uniquement aux rumeurs ou aux "tendances" sans creuser plus loin peut rapidement conduire à des pertes importantes. Avec les bons outils, vous pouvez minimiser les risques et maximiser vos chances de succès.

Les catégories d'outils essentiels

1. Outils pour analyser les fondamentaux d'un projet

Les fondamentaux sont le cœur de tout projet crypto. Ils vous permettent d'évaluer la qualité et la viabilité d'un projet en répondant à des questions comme : "Qui sont les créateurs ?", "Quels problèmes ce projet résout-il ?" ou encore "Quel est son modèle économique ?". Voici quelques outils qui peuvent vous aider :

1. **CoinMarketCap et CoinGecko**
   Ces deux plateformes sont des mines d'or pour les investisseurs. Elles fournissent des informations clés sur des milliers de cryptomonnaies, comme leur prix actuel, leur capitalisation boursière, leur volume d'échange et leur historique de performance. CoinMarketCap, par exemple, propose une section dédiée aux informations fondamentales des projets, notamment les sites officiels, les whitepapers, et les communautés actives.

Comment les utiliser ?

- Recherchez la cryptomonnaie qui vous intéresse.
- Consultez les informations sur son historique de prix, sa performance sur 24 heures, 7 jours, 1 mois, etc.
- Explorez les liens vers le site officiel et le whitepaper pour approfondir votre analyse.

2. **Messari**
   Messari est une plateforme plus orientée vers les investisseurs avancés, mais elle est extrêmement utile pour comprendre les projets en profondeur. Elle propose des analyses détaillées, des rapports de recherche, et des tableaux de bord personnalisés pour suivre les tendances du marché. Si vous souhaitez aller au-delà des bases, Messari est un outil incontournable.

3. **Whitepaper des projets**
   Le whitepaper est comme la "carte d'identité" d'un projet. Il contient toutes les informations sur ses objectifs, sa technologie, son modèle économique et sa vision. Prenez le temps de lire les whitepapers pour comprendre les projets qui vous intéressent.

Astuce : Si le whitepaper est mal écrit, manque de détails ou semble trop vague, c'est souvent un mauvais signe.

2. Outils pour analyser la communauté et l'adoption

Dans le monde des cryptomonnaies, une **communauté active et engagée** est souvent un indicateur de la viabilité d'un projet. Les projets qui réussissent ont généralement des utilisateurs passionnés qui croient en leur potentiel et les soutiennent activement.

1. **Twitter et Reddit**
   Les réseaux sociaux sont d'excellents endroits pour évaluer l'activité d'un projet. Suivez les comptes Twitter officiels des projets et explorez les discussions sur Reddit pour voir ce que la communauté pense réellement. Une forte activité et un engagement positif sont souvent des signes encourageants.

2. **Discord et Telegram**
   De nombreux projets crypto ont leurs propres serveurs Discord ou groupes Telegram où les développeurs et la communauté échangent directement. Cela vous permet d'évaluer la transparence et la réactivité de l'équipe, ainsi que l'engagement des membres de la communauté.

3. **LunarCrush**
   Cet outil analyse les données sociales des projets cryptos, comme le volume des mentions sur les réseaux sociaux, l'engagement des utilisateurs, et les tendances générales. LunarCrush vous donne un aperçu de la "popularité sociale" d'un projet, ce qui peut être un bon indicateur de son adoption.

3. Outils pour l'analyse technique

L'analyse technique se concentre sur l'étude des graphiques de prix, des volumes d'échange et des tendances du marché. C'est une discipline en soi, mais vous pouvez commencer par les bases avec les outils suivants :

1. **TradingView**
   TradingView est l'un des outils les plus populaires pour l'analyse

technique. Il offre des graphiques interactifs, des indicateurs personnalisés et une communauté active qui partage ses analyses. Vous pouvez utiliser TradingView pour identifier des **niveaux de support et de résistance**, suivre les **moyennes mobiles**, et analyser les tendances du marché.

2. **Glassnode**
   Glassnode est une plateforme qui fournit des données on-chain, c'est-à-dire des informations directement issues des blockchains. Elle vous permet de voir des statistiques comme le nombre de portefeuilles actifs, les flux d'échange, et même les comportements des "whales" (grands investisseurs). Ces données sont cruciales pour comprendre la dynamique du marché.

3. **Binance et autres plateformes d'échange**
   Si vous utilisez Binance (ou une autre grande plateforme), vous aurez accès à des graphiques de prix intégrés, des ordres en temps réel, et des outils d'analyse technique de base. Cela peut suffire si vous débutez.

4. Outils pour suivre les actualités et les tendances

Enfin, restez toujours à jour sur les dernières actualités du secteur. Les cryptomonnaies évoluent rapidement, et une nouvelle réglementation, un partenariat ou une innovation technologique peut avoir un impact immédiat sur le marché.

1. **CryptoPanic**
   CryptoPanic agrège les actualités des principales sources d'information crypto. Vous pouvez personnaliser votre flux pour suivre les projets ou les sujets qui vous intéressent.

2. **Newsletter spécialisées**
   Des newsletters comme "The Block", "CoinDesk", ou "Decrypt" fournissent des analyses approfondies et des actualités pertinentes sur le secteur. Abonnez-vous à ces newsletters pour rester informé sans avoir à chercher l'information vous-même.

Comment intégrer ces outils dans votre stratégie ?

Maintenant que vous connaissez ces outils, comment les utiliser efficacement ? Voici une méthode simple en trois étapes :

1. **Rassemblez les données** : Avant d'investir dans une cryptomonnaie, collectez des informations à partir des outils mentionnés ci-dessus. Analysez son whitepaper, son équipe, sa communauté et ses fondamentaux.

2. **Analysez les tendances** : Utilisez des outils comme TradingView et Glassnode pour identifier les tendances du marché et déterminer si c'est le bon moment pour acheter ou vendre.

3. **Prenez une décision éclairée** : Enfin, combinez les informations recueillies pour prendre une décision en toute connaissance de cause. Ne vous précipitez pas, et ne suivez jamais aveuglément les conseils des autres.

Conclusion : Votre boîte à outils pour réussir

Les outils d'analyse sont essentiels pour naviguer dans le monde des cryptomonnaies. Ils vous permettent de voir au-delà des simples promesses marketing et de prendre des décisions basées sur des faits. Prenez le temps de vous familiariser avec ces outils, expérimentez, et surtout, n'ayez pas peur d'apprendre en chemin. Plus vous maîtrisez ces outils, plus vous serez en mesure de transformer les opportunités en succès.

Les signaux d'alerte : détecter les projets risqués

Naviguer dans le monde des cryptomonnaies, c'est un peu comme explorer une jungle. Il y a des trésors cachés, mais aussi des pièges à chaque coin. Ce sous-chapitre se concentre sur les signaux d'alerte, ces petits indices qui peuvent vous aider à identifier les projets douteux ou frauduleux avant qu'il ne soit trop tard. Car, soyons honnêtes, tout ce qui brille dans la crypto ne vaut pas forcément de l'or numérique.

Pourquoi apprendre à détecter les signaux d'alerte ?

Le secteur des cryptomonnaies regorge de promesses d'enrichissement rapide. Mais derrière ces promesses, certains projets ne sont que des coquilles vides ou, pire, des escroqueries bien ficelées. Vous avez sûrement déjà entendu parler des rug pulls (projets qui s'effondrent du jour au lendemain) ou des schémas de Ponzi déguisés. Être capable de reconnaître ces signaux vous évitera des pertes financières et beaucoup de frustration.

Comme on dit dans le jargon crypto : DYOR (*Do Your Own Research*), autrement dit, "faites vos propres recherches". Mais comment s'y prendre ? Voici quelques drapeaux rouges à surveiller.

1. Une équipe anonyme ou douteuse

L'un des premiers éléments à vérifier est l'équipe derrière le projet. Qui sont les personnes qui le dirigent ? Ont-elles de l'expérience pertinente ? Si l'équipe est entièrement anonyme ou difficile à tracer, cela peut être un mauvais signe. Bien sûr, certains projets, comme Bitcoin, ont émergé de manière anonyme et ont réussi, mais ils sont l'exception plutôt que la règle.

- **Où chercher ces informations ?** Consultez la page "À propos" sur le site officiel du projet, les profils LinkedIn des membres de l'équipe, ou des interviews publiées. Si rien de tout cela n'existe, méfiez-vous.
- **Drapeau rouge** : Des noms génériques, des photos de stock, ou des biographies vagues sont souvent des indices de fausses identités.

2. Un whitepaper trop vague ou trop technique

Le whitepaper est le document fondateur d'un projet. C'est ici que l'équipe explique sa vision, sa technologie, et la manière dont elle prévoit de résoudre un problème.

- **Un bon whitepaper** : Il est clair, bien structuré, et accessible même pour les non-experts. Il doit expliquer :
    - Le problème que le projet cherche à résoudre.
    - La solution proposée.
    - Le fonctionnement de la technologie.
    - Les projections économiques (tokenomics).
- **Un mauvais whitepaper** : À l'inverse, un whitepaper qui est soit trop vague, soit rempli de jargon inutilement complexe pour intimider le lecteur peut indiquer un manque de substance réelle.

Astuce : Si vous ne comprenez rien au whitepaper, ce n'est pas toujours votre faute. Certains projets utilisent délibérément des termes techniques pour cacher leur manque de viabilité.

3. Promesses irréalistes et retours garantis

Un projet qui vous promet des retours fixes ou des rendements astronomiques ("Investissez 100 € et obtenez 10 000 € en un mois !") est presque toujours une arnaque. Les cryptomonnaies sont volatiles par nature, et aucun projet légitime ne peut garantir des retours fixes.

- **Drapeaux rouges** :
    - Le projet met l'accent sur l'argent facile plutôt que sur la technologie ou l'innovation.
    - Des termes comme "revenu passif garanti" ou "multiplicateur x100 assuré" dans leurs promotions.

4. Une communauté toxique ou artificiellement gonflée

La communauté d'un projet est souvent un bon indicateur de sa viabilité. Une communauté active, informée et engagée est un atout. Mais attention : certains projets manipulent les apparences en achetant des abonnés ou en engageant des "bots" pour gonfler artificiellement leur présence sur les réseaux sociaux.

- **Comment vérifier ?**
    - Parcourez les forums, Discord ou Telegram du projet. Si vous voyez surtout des discussions superficielles, des messages automatisés, ou des utilisateurs trop agressifs face aux questions légitimes, soyez sur vos gardes.
    - Vérifiez les interactions sur leurs publications (likes, commentaires). Les ratios étranges (par exemple, des milliers de likes mais très peu de commentaires) peuvent signaler une activité artificielle.

5. Une tokenomics déséquilibrée

La tokenomics désigne la manière dont les tokens (les unités de la cryptomonnaie) sont répartis et utilisés dans un projet.

- **Points à surveiller :**
    - Une trop grande proportion de tokens réservés à l'équipe ou aux investisseurs initiaux. Cela peut indiquer qu'ils cherchent à profiter rapidement d'un "pump and dump" (hausse artificielle suivie d'une chute rapide).
    - Un manque de transparence sur la distribution des tokens.

Astuce : Comparez la tokenomics du projet avec d'autres projets similaires pour voir si les proportions sont réalistes.

6. Des audits inexistants ou peu fiables

Les audits sont des vérifications indépendantes du code du projet, réalisées par des tiers spécialisés. Un projet sérieux mettra en avant ses audits pour prouver qu'il n'a pas de failles majeures ou de portes dérobées.

- **Que faire ?**
    - Recherchez les rapports d'audit sur le site officiel du projet.
    - Assurez-vous que l'audit a été réalisé par une entreprise réputée (comme CertiK, Hacken, ou Quantstamp).
- **Drapeau rouge** : Un projet qui refuse de se faire auditer ou qui ne publie pas ses résultats.

Conclusion : Restez vigilant, mais ouvert d'esprit

Apprendre à détecter les signaux d'alerte est une compétence essentielle pour tout investisseur en cryptomonnaies. Cela ne signifie pas que vous devez être paranoïaque, mais plutôt que vous devez être critique et méthodique dans vos analyses. Souvenez-vous : dans le doute, il vaut mieux passer à côté d'un projet douteux que de risquer votre capital sur une initiative non fiable.

Avec de la pratique, vous développerez votre propre instinct et deviendrez un investisseur plus éclairé. Et n'oubliez jamais : ce n'est pas seulement l'opportunité qui fait un bon investissement, mais votre capacité à évaluer ses risques.

Chapitre 4 : Sécuriser ses actifs et gérer les risques

La sécurité est un pilier fondamental dans le monde des cryptomonnaies. Quand vous entendez parler de millions volés ou de portefeuilles compromis, cela peut faire peur, mais ces risques peuvent être largement réduits grâce à une gestion prudente et des pratiques sûres. Dans ce chapitre, nous explorerons les différents outils, stratégies et réflexes à adopter pour protéger vos actifs.

Les différents portefeuilles (hardware, software, custodial)

Vous avez décidé de plonger dans le monde des cryptomonnaies, bravo ! Mais avant d'aller plus loin, il y a une question essentielle que tout investisseur en cryptos doit se poser : *Où vais-je stocker mes actifs ?* Car contrairement à une banque classique où votre argent est géré par une institution, les cryptomonnaies vous placent au centre du contrôle… mais aussi des responsabilités. Cela signifie que la sécurité de vos actifs dépend de vous. Pas de panique ! Je vais vous guider pour comprendre les différents types de portefeuilles et choisir celui qui correspond à vos besoins.

1. Qu'est-ce qu'un portefeuille crypto ?

Un portefeuille crypto (ou "wallet") est un outil qui vous permet de stocker, recevoir, et envoyer des cryptomonnaies. Contrairement à ce qu'on pourrait penser, vos cryptos ne sont pas réellement "stockées" dans le portefeuille, mais sur la blockchain. Le portefeuille, lui, contient les clés privées nécessaires pour accéder et gérer vos fonds.

Imaginez-le comme une boîte à clés : si vous perdez vos clés privées, c'est comme perdre l'accès à un coffre-fort. Et si quelqu'un vole vos clés, il peut partir avec vos biens. Vous voyez pourquoi la sécurité est cruciale, non ?

2. Les trois grandes familles de portefeuilles

Les portefeuilles peuvent être classés en trois grandes catégories : **hardware wallets**, **software wallets**, et **custodial wallets**. Chaque type a ses avantages, ses inconvénients, et convient à des usages différents.

A. Les hardware wallets : La forteresse inviolable

Un **hardware wallet** est un appareil physique, souvent de la taille d'une clé USB, qui stocke vos clés privées hors ligne. Ce type de portefeuille est considéré comme le plus sécurisé, car il est isolé des connexions internet, ce qui le rend pratiquement invulnérable aux piratages.

- **Exemples** :
Les marques **Ledger** (modèles Nano S et Nano X) et **Trezor** sont des références dans ce domaine.

- **Comment** :
Lorsque vous souhaitez effectuer une transaction, le hardware wallet se connecte à votre ordinateur ou smartphone pour signer la transaction. Il ne communique que l'essentiel, gardant vos clés privées protégées.

- **Avantages** :
    1. Sécurité maximale contre les cyberattaques.
    2. Résistant aux virus informatiques.
    3. Idéal pour conserver des montants importants sur le long terme.

- **Inconvénients** :
    1. Coût initial (environ 60 à 150 euros selon le modèle).
    2. Peu pratique pour les transactions fréquentes.
    3. En cas de perte ou de destruction, vous avez besoin de votre phrase de récupération (seed phrase) pour restaurer vos fonds.

B. Les software wallets : Praticité à portée de main

Les **software wallets** sont des applications que vous installez sur votre ordinateur ou smartphone. Ils sont connectés à internet, ce qui les rend très pratiques pour les transactions quotidiennes, mais légèrement plus vulnérables que les hardware wallets.

- **Exemples** :
Des wallets comme **MetaMask**, **Trust Wallet**, ou encore les applications de plateformes comme Binance ou Coinbase.

- **Comment** :
    Une fois installé, le logiciel génère une paire de clés privée et publique. Les transactions sont signées directement depuis votre appareil.

- **Avantages** :
    1. Gratuit et facile à utiliser.
    2. Parfait pour les petits montants et les transactions régulières.
    3. Compatible avec une grande variété de cryptomonnaies.

- **Inconvénients** :
    1. Vulnérabilité aux malwares et hackers.
    2. Dépendance à un appareil : en cas de perte de votre smartphone ou ordinateur, vous devez restaurer avec votre phrase de récupération.

Astuce : Si vous utilisez un software wallet, investissez dans un antivirus de qualité et activez des options de sécurité comme l'authentification à deux facteurs (2FA).

C. Les custodial wallets : Faites confiance à une plateforme

Les **custodial wallets** sont gérés par des tiers, généralement des plateformes d'échange comme **Binance**, **Coinbase**, ou **Kraken**. Ici, la plateforme conserve vos clés privées pour vous.

- **Comment** :
    Vous vous connectez à la plateforme avec un identifiant et un mot de passe, et vos cryptos sont directement accessibles depuis leur interface.

- **Avantages** :
    1. Très simple à utiliser, idéal pour les débutants.
    2. Fonctionnalités intégrées comme le trading ou le staking.
    3. Pas besoin de gérer vos clés privées.

- **Inconvénients** :
    1. Dépendance totale à la sécurité de la plateforme. Si elle est piratée (comme Mt. Gox en 2014), vous pourriez perdre vos fonds.
    2. Moins de contrôle sur vos actifs.
    3. Non recommandé pour de grosses sommes.

Conseil : Si vous choisissez un custodial wallet, limitez les fonds à ce que vous utilisez pour le trading actif. Pour vos économies à long terme, optez pour un hardware wallet.

3. Que choisir selon votre profil d'utilisateur ?

- **Débutant curieux** : Commencez avec un custodial wallet sur une plateforme réputée, mais familiarisez-vous rapidement avec un software wallet pour plus de contrôle.
- **Trader actif** : Combinez un software wallet pour vos mouvements fréquents et un hardware wallet pour vos réserves.
- **Investisseur long terme** : Optez pour un hardware wallet et conservez vos fonds hors ligne.

4. Comment sécuriser votre portefeuille ?

Quel que soit le type de portefeuille choisi, suivez ces bonnes pratiques :

1. **Notez et sauvegardez votre phrase de récupération** : C'est la clé ultime pour restaurer vos fonds. Ne la stockez jamais en ligne !
2. **Activez l'authentification à deux facteurs (2FA)** : Pour ajouter une couche de sécurité supplémentaire.
3. **Mettez à jour vos logiciels** : Les mises à jour corrigent souvent des vulnérabilités.
4. **Méfiez-vous des scams** : Ne partagez jamais vos clés privées ou seed phrase, même si quelqu'un prétend être du support client.

Conclusion

La sécurité peut sembler intimidante au début, mais elle devient rapidement une seconde nature. En choisissant le bon type de portefeuille et en adoptant des pratiques sécurisées, vous réduisez considérablement les risques.

N'oubliez pas : dans le monde des cryptos, *vous êtes votre propre banque*. Cela peut être effrayant, mais aussi incroyablement libérateur. Le contrôle est entre vos mains.

Éviter les arnaques et protéger ses investissements

Dans le monde des cryptomonnaies, les opportunités d'investissement sont nombreuses, mais les pièges aussi. C'est un univers fascinant où des fortunes se créent… et se perdent. Les arnaques y pullulent, ciblant aussi bien les novices que les investisseurs chevronnés. Dans ce chapitre, je vais vous expliquer comment reconnaître les signaux d'alerte, éviter les pièges et adopter les meilleures pratiques pour protéger vos précieux actifs.

Prenez une grande inspiration : après tout, il vaut mieux prévenir que guérir, non ?

1. Pourquoi les cryptomonnaies attirent-elles les escrocs ?

Les cryptomonnaies sont par nature décentralisées, et cette caractéristique qui leur donne tant de valeur est aussi leur talon d'Achille. Il n'y a pas d'autorité centrale pour intervenir si quelque chose tourne mal.

Ajoutez à cela :

- **L'anonymat** : Les transactions sur blockchain peuvent être pseudonymes, rendant difficile l'identification des fraudeurs.
- **La méconnaissance** : Les concepts de la blockchain et des cryptos peuvent sembler complexes. Les escrocs en profitent pour manipuler les débutants.
- **L'avidité humaine** : Les promesses de rendements énormes en peu de temps attirent ceux qui veulent s'enrichir rapidement.

C'est une jungle numérique, mais avec les bonnes connaissances, vous saurez naviguer sans encombre.

2. Les types d'arnaques les plus courants

A. Les systèmes de Ponzi et pyramides financières

Ces arnaques promettent des rendements extravagants, souvent sans aucun fondement. Les profits des premiers investisseurs sont payés grâce à l'argent des nouveaux entrants.

Signaux d'alerte :

1. Rendements garantis (par exemple, "10 % par jour") – dans les cryptos, rien n'est jamais garanti.
2. Absence d'informations claires sur le fonctionnement du projet.
3. Pression pour recruter d'autres personnes.

Conseil : Si c'est trop beau pour être vrai, ça l'est probablement.

B. Les faux portefeuilles ou plateformes

Des applications ou sites web se font passer pour des portefeuilles ou plateformes d'échange réputés. Une fois vos fonds transférés, ils disparaissent.

Comment les éviter :

1. Téléchargez les applications directement depuis le site officiel ou un store réputé (App Store, Google Play).
2. Vérifiez l'URL des sites web – attention aux petits détails, comme "binancee.com" au lieu de "binance.com".
3. Recherchez des avis en ligne avant de vous inscrire.

C. Les scams sur les réseaux sociaux

"Envoyez-moi 1 Bitcoin, et je vous en renverrai 2 !" Vous avez peut-être vu ce genre de messages, souvent accompagnés d'une vidéo prétendument diffusée par une célébrité. Ces escroqueries jouent sur l'urgence et la crédulité.

Comment les éviter :

1. Aucune personnalité publique ne vous demandera d'envoyer des cryptos.
2. Ignorez les messages privés non sollicités.

3. Signalez les comptes frauduleux pour protéger d'autres utilisateurs.

D. Les fausses ICO et projets NFT

Une Initial Coin Offering (ICO) ou une collection de NFTs peut sembler être une opportunité unique. Mais si le projet disparaît du jour au lendemain, vos investissements partent avec lui.

Signaux d'alerte :

1. Une équipe anonyme ou introuvable.
2. Une feuille de route vague ou irréaliste.
3. Aucun cas d'usage clair pour le jeton ou le NFT.

💡 **Conseil** : Faites vos recherches – on y reviendra dans le chapitre dédié à l'analyse des projets.

3. Protéger ses investissements : Les bonnes pratiques

A. La règle d'or : Contrôlez vos clés privées

Si vous ne détenez pas vos clés privées, vous ne possédez pas réellement vos cryptos.

- Évitez de laisser vos fonds sur des plateformes d'échange sur le long terme.
- Utilisez un **hardware wallet** pour stocker vos actifs en toute sécurité.

B. Doublez les couches de sécurité

1. **Authentification à deux facteurs (2FA)** :
   Activez-la partout où c'est possible. Google Authenticator ou YubiKey sont d'excellentes options.

2. **Mots de passe complexes** :
   Utilisez un gestionnaire de mots de passe pour générer et stocker des mots de passe uniques.

C. Attention aux "airdrops"

Un airdrop est une distribution gratuite de jetons pour attirer les utilisateurs. Mais certains airdrops sont conçus pour voler vos fonds lorsque vous interagissez avec le contrat.

Astuce : N'interagissez qu'avec des airdrops provenant de projets fiables et vérifiés.

4. Reconnaître un projet sérieux

Pour éviter les arnaques, apprenez à repérer les signaux positifs :

1. **Une équipe identifiable** : Les membres ont-ils des profils LinkedIn ? Des antécédents crédibles ?
2. **Un cas d'usage clair** : Le projet répond-il à un problème concret ou semble-t-il être "du vent" ?
3. **Un livre blanc (whitepaper) solide** : Si le projet en possède un, lisez-le attentivement.

5. Que faire si vous êtes victime d'une arnaque ?

1. **Arrêtez tout mouvement** : Ne transférez plus de fonds.
2. **Contactez les autorités compétentes** : De nombreux pays ont des unités dédiées aux cybercrimes.
3. **Informez la communauté** : Partagez votre expérience pour éviter que d'autres tombent dans le piège.

Conclusion : La prudence est votre meilleur allié

Dans cet écosystème en pleine expansion, il est facile de se laisser emporter par l'excitation des opportunités. Mais rappelez-vous toujours que derrière chaque écran peut se cacher un fraudeur.

En restant vigilant et en appliquant les bonnes pratiques, vous vous donnerez toutes les chances de réussir tout en évitant les pièges. Votre sécurité financière mérite toute votre attention – et croyez-moi, le jeu en vaut la chandelle.

Les 10 erreurs courantes des débutants

Entrer dans le monde des cryptomonnaies est une aventure passionnante. Mais cette excitation peut aussi vous mener à des erreurs coûteuses, surtout si vous manquez d'expérience. Dans ce sous-chapitre, je vais décortiquer les erreurs les plus courantes pour que vous puissiez les éviter. Chaque erreur est expliquée en détail pour que vous compreniez pleinement les pièges à contourner.

Erreur n°1 : Investir plus que ce qu'on peut se permettre de perdre

C'est peut-être le conseil le plus répété dans l'univers des cryptos, mais aussi le plus ignoré. Beaucoup, séduits par des histoires de réussites fulgurantes, se lancent tête baissée et investissent toutes leurs économies. Certains vont même jusqu'à s'endetter ou utiliser de l'argent réservé à des besoins essentiels.

Le problème, c'est que le marché des cryptos est incroyablement volatil. Imaginez que vous investissez 1 000 € dans une crypto aujourd'hui. Demain, cette somme pourrait valoir 2 000 €... ou 500 €. Si vous avez misé un montant que vous ne pouvez pas perdre sans conséquences graves, vous êtes dans une situation dangereuse.

Comment éviter cette erreur ?

- Fixez un budget dédié à vos investissements en cryptos, un montant que vous pourriez perdre sans impact majeur sur votre vie.
- Adoptez une gestion stricte de vos finances personnelles : investissez uniquement après avoir constitué un fonds d'urgence et réglé vos dépenses essentielles.
- Traitez vos investissements comme un jeu à long terme, pas comme un pari.

Erreur n°2 : Ne pas se former avant d'investir

Imaginez-vous piloter un avion sans aucune formation. Cela semble insensé, non ? Pourtant, beaucoup abordent les cryptos avec une approche similaire. Ils achètent sans comprendre ce qu'ils font, attirés par des promesses de gains rapides.

Investir dans les cryptomonnaies, c'est avant tout comprendre comment elles fonctionnent. Cela inclut des concepts techniques (comme la blockchain), mais aussi des principes financiers de base. Si vous n'avez pas pris le temps de vous éduquer, vous naviguez en eaux troubles.

Comment éviter cette erreur ?

- Suivez des cours en ligne ou des tutoriels gratuits sur des plateformes comme YouTube ou Coursera.

- Lisez des livres ou articles de qualité, comme ceux publiés par des experts reconnus dans le domaine.

- Posez-vous les bonnes questions : Pourquoi cette crypto existe-t-elle ? Quel problème résout-elle ? Qui est derrière ce projet ?

Se former, c'est investir dans vous-même, et c'est la première étape vers le succès.

Erreur n°3 : Suivre aveuglément les conseils des influenceurs

Aujourd'hui, les réseaux sociaux regorgent d'influenceurs qui vous promettent monts et merveilles. Vous avez sûrement vu des titres du genre : « *Achetez cette crypto, elle va exploser !* ». Ces influenceurs, souvent très persuasifs, peuvent vous inciter à investir dans des projets douteux.

Le problème ? Beaucoup d'entre eux sont rémunérés pour promouvoir des projets sans réelle valeur. Pire, ils peuvent même orchestrer des arnaques appelées *pump and dump* : ils font grimper artificiellement le prix d'une crypto pour ensuite vendre leurs parts, laissant les autres investisseurs subir la chute.

Comment éviter cette erreur ?

- Prenez toujours les recommandations avec précaution.

- Recherchez des sources fiables et diversifiées avant de prendre une décision.
- Ne vous fiez jamais à une seule voix, aussi convaincante soit-elle.

Rappelez-vous : dans les cryptos, personne n'a de boule de cristal.

Erreur n°4 : Laisser ses fonds sur une plateforme d'échange

C'est une erreur que font presque tous les débutants. Une fois leurs cryptos achetées, ils les laissent sur la plateforme où ils les ont acquises. C'est pratique, mais extrêmement risqué.

Quand vos cryptos restent sur une plateforme d'échange, vous ne possédez pas réellement vos actifs. En cas de piratage ou de faillite de la plateforme, vos fonds peuvent disparaître du jour au lendemain. L'exemple de l'effondrement de FTX est encore frais dans l'esprit de beaucoup.

Comment éviter cette erreur ?

- Transférez vos cryptos vers un portefeuille personnel, comme un wallet hardware (Ledger ou Trezor, par exemple).
- Si vous utilisez un portefeuille logiciel, choisissez-en un réputé, comme MetaMask ou Trust Wallet, et protégez-le avec un mot de passe complexe.

En cryptos, la règle est simple : **"Pas vos clés, pas vos cryptos."**

Erreur n°5 : Oublier ses clés privées ou mots de passe

Imaginez avoir un coffre-fort rempli d'or, mais perdre la clé. Dans le monde des cryptos, c'est exactement ce qui se passe lorsque vous perdez vos clés privées ou vos mots de passe. Contrairement à une banque, il n'y a pas de service client pour vous aider à les récupérer.

Comment éviter cette erreur ?

- Notez vos clés privées sur un support durable, comme une plaque métallique ou un carnet sécurisé.

- Conservez vos sauvegardes dans un endroit sûr, comme un coffre-fort.
- Évitez les captures d'écran ou les fichiers sur votre ordinateur, qui peuvent être piratés.

Erreur n°6 : Tomber dans la panique en cas de baisse du marché

Le marché plonge, et vous paniquez. C'est humain. Mais vendre dans la panique est souvent une erreur. Les cryptos sont volatiles, et les baisses soudaines font partie du jeu. Ceux qui réussissent à long terme sont ceux qui restent calmes et suivent leur stratégie.

Comment éviter cette erreur ?

- Rappelez-vous pourquoi vous avez investi. Si vos raisons sont solides, une baisse temporaire ne devrait pas vous effrayer.
- Diversifiez vos actifs pour minimiser les risques.
- Acceptez que les pertes font partie de l'apprentissage.

Erreur n°7 : Ne pas diversifier son portefeuille

Mettre tous vos œufs dans le même panier est risqué, peu importe l'investissement. Pourtant, beaucoup de débutants investissent tout dans une seule crypto, souvent celle dont tout le monde parle.

La diversification est essentielle. Elle vous protège contre les échecs individuels et maximise vos chances de réussite.

Comment diversifier efficacement ?

- Investissez dans différentes catégories : Bitcoin, altcoins, stablecoins.
- Explorez des secteurs variés comme la DeFi, les NFT ou les métavers.
- Ne négligez pas les autres actifs financiers traditionnels.

Erreur n°8 : Négliger les frais de transaction

Chaque transaction sur la blockchain a un coût. Ces frais, appelés **gas fees**, peuvent varier considérablement, notamment sur Ethereum. Beaucoup de débutants ignorent ces frais et finissent par payer plus cher que prévu.

Planifiez vos transactions. Attendez des moments où les frais sont bas et envisagez d'utiliser des blockchains avec des coûts réduits comme Polygon ou Binance Smart Chain.

Erreur n°9 : Se laisser séduire par les promesses irréalistes

"Ce projet garantit un rendement de 10 % par jour !", ou encore, "Investissez ici pour devenir millionnaire en un mois !". Ces promesses sont presque toujours des arnaques.

Comment les repérer ?

- Si cela semble trop beau pour être vrai, ça l'est probablement.
- Recherchez l'historique et les audits du projet.
- Méfiez-vous des projets qui insistent pour que vous recrutiez d'autres participants.

Erreur n°10 : Penser qu'on peut tout faire seul

Vous êtes curieux, vous voulez apprendre, c'est formidable. Mais penser que vous pouvez tout comprendre seul est une erreur. Le marché des cryptos est vaste et complexe.

Rejoignez des communautés en ligne, discutez avec d'autres investisseurs, posez des questions. Apprenez des erreurs des autres pour éviter de commettre les vôtres. Rejoignez des communautés d'investisseurs, comme des forums ou des groupes Telegram pour apprendre. Pensez à partager vos connaissances.

Conclusion : Apprenez, restez humble et avancez prudemment

Tout le monde commet des erreurs, et c'est normal. Ce qui compte, c'est de les reconnaître et d'en tirer des leçons. En évitant ces 10 erreurs courantes, vous ferez déjà un grand pas vers une approche plus réfléchie et sécurisée de l'investissement en cryptomonnaies.

Rappelez-vous, les cryptos offrent des opportunités incroyables, mais elles récompensent surtout ceux qui s'informent, restent patients et avancent avec prudence. Alors, prêt à éviter ces pièges et à sécuriser vos investissements ?

Conseils pour éviter les arnaques

Quand on entre dans le monde des cryptomonnaies, une chose est sûre : ce territoire peut être aussi excitant qu'effrayant. Avec son potentiel de gains énormes, il attire des investisseurs sérieux... mais aussi des individus mal intentionnés. Vous, qui êtes là pour apprendre et avancer en toute sécurité, devez savoir une chose : éviter les arnaques, ce n'est pas seulement une question de vigilance, c'est aussi une question d'éducation. Prenez ces conseils comme des outils pour vous protéger.

1. Ne jamais céder à l'urgence

Les arnaqueurs jouent souvent sur l'émotion. "Investissez MAINTENANT, sinon vous raterez cette opportunité incroyable !" ou "Cette offre est valable pour les prochaines 10 minutes !" Ces phrases sont des signaux d'alarme. Si quelqu'un vous pousse à agir sans réfléchir, il est probable qu'il cherche à profiter de votre précipitation. Prenez toujours le temps d'analyser. Les véritables opportunités, celles qui ont de la valeur, ne s'évaporent pas en un instant.

Rappelez-vous : **le calme est votre allié**. Prenez le temps de faire vos recherches, de poser des questions, et surtout, de comprendre dans quoi vous investissez. Un vrai projet solide ne forcera jamais la main à ses investisseurs.

2. Vérifiez toujours la légitimité du projet

Un site internet bien conçu ou un livre blanc impressionnant ne garantissent pas la légitimité d'un projet. Il existe de nombreux indices pour repérer une fraude potentielle. Posez-vous ces questions :

- Qui est derrière le projet ? L'équipe est-elle identifiable ? Recherchez leurs noms sur des plateformes professionnelles comme LinkedIn. Si les profils manquent de détails ou semblent douteux, méfiez-vous.

- Y a-t-il un véritable cas d'usage ? Une cryptomonnaie qui n'a aucune utilité réelle ou qui promet simplement des "gains rapides" est probablement un mirage.

Prenez l'exemple tristement célèbre de BitConnect. Ce projet promettait des rendements garantis, mais il s'est avéré être un Ponzi géant. Pourquoi ? Parce qu'aucun produit ou service tangible ne soutenait leur modèle. Si vous voyez ce type de promesses, fuyez.

3. Utilisez des plateformes officielles et sécurisées

Lorsque vous achetez ou échangez des cryptos, privilégiez les plateformes reconnues comme Binance, Coinbase, ou Kraken. Oui, ces plateformes ont leurs frais, mais ces frais vous garantissent une certaine sécurité. Méfiez-vous des sites qui promettent des transactions gratuites ou des taux d'échange incroyables. Souvent, ce sont des pièges pour voler vos informations ou vos fonds.

Et surtout, ne cliquez jamais sur des liens envoyés par email ou message privé, même si l'expéditeur prétend être une plateforme que vous connaissez. Prenez l'habitude d'accéder aux sites via leur URL officielle que vous saisissez directement.

4. Protégez vos informations personnelles et clés privées

En cryptomonnaie, vos clés privées sont sacrées. C'est la clé de votre coffre-fort digital. Si quelqu'un y accède, il peut tout simplement vider vos comptes. Une règle d'or : **ne partagez jamais vos clés privées ou mots de passe, même avec un prétendu service client.**

De plus, évitez de stocker vos informations sensibles sur des appareils connectés à internet. Privilégiez un portefeuille matériel (hardware wallet) comme Ledger ou Trezor. Oui, cela peut sembler un peu compliqué au début, mais c'est une protection essentielle contre les cyberattaques.

5. Méfiez-vous des promesses trop belles pour être vraies

Dans le monde des cryptos, il y a une règle simple : **si ça semble trop beau pour être vrai, c'est probablement une arnaque.** Par exemple, les schémas pyramidaux ou les rendements garantis à deux chiffres sont presque toujours des fraudes. Posez-vous cette question : pourquoi quelqu'un me ferait-il gagner autant sans prendre lui-même de risque ?

Rappelez-vous qu'un investissement légitime implique toujours un certain degré de risque. Qu'il s'agisse de Bitcoin ou d'autres cryptos, rien n'est jamais garanti.

6. Rejoignez des communautés pour apprendre et partager

Seul, il est facile de tomber dans un piège. Mais en rejoignant des communautés de passionnés ou d'investisseurs expérimentés, vous avez accès à une source inestimable de conseils et de retours d'expérience. Sur Reddit, Telegram, ou Discord, de nombreux groupes discutent des projets et alertent sur les escroqueries.

Cependant, soyez prudent même dans ces espaces. Certains arnaqueurs infiltrent aussi ces groupes. Ne partagez jamais d'informations sensibles, et méfiez-vous des utilisateurs qui envoient des messages privés non sollicités.

7. Faites vos recherches avant d'investir (DYOR)

Ce conseil mérite d'être martelé : **Do Your Own Research.** Avant d'investir dans un projet, prenez le temps de le comprendre. Lisez le livre blanc, analysez les avis d'experts, et suivez l'actualité autour de la crypto en question. Même si un ami ou un proche vous recommande un projet, faites vos propres vérifications. Souvenez-vous que dans ce domaine, les décisions impulsives peuvent coûter cher.

8. Soyez patient et méfiez-vous des "opportunités de l'année"

Le monde des cryptos évolue vite, et il est facile de se laisser emporter par l'excitation. Pourtant, la patience est une vertu essentielle. Les projets solides prennent du temps à se développer. Si quelqu'un vous vend une "opportunité qui va exploser dans les prochains jours", demandez-vous : est-ce basé sur des faits ou sur de la spéculation ? N'oubliez pas : le temps est un filtre puissant qui sépare les projets viables des mirages.

Conclusion

En suivant ces conseils, vous réduisez considérablement les risques de vous faire piéger. Le monde des cryptomonnaies peut être intimidant, mais avec de la prudence et une bonne dose d'apprentissage, il devient un espace où vous pouvez investir en toute confiance. Vous avez déjà fait le premier pas en lisant ce livre. Continuez sur cette lancée : **protégez-vous, formez-vous, et avancez avec prudence.**

Chapitre 5 : Les stratégies d'investissement en cryptos

Les cryptomonnaies offrent un potentiel incroyable, mais investir efficacement demande de la stratégie, de la patience et une bonne dose de réflexion. Ce chapitre va vous accompagner pas à pas pour établir des plans d'investissement solides, que vous soyez débutant ou que vous ayez déjà quelques connaissances dans ce domaine.

Investir sur le long terme : construire une vision

Dans le monde tumultueux des cryptomonnaies, une leçon fondamentale s'impose rapidement : **le succès ne se mesure pas en jours ou en semaines, mais en années**. Pourtant, il est si facile de se laisser emporter par l'effervescence : des titres accrocheurs annonçant que des investisseurs ont transformé 100 € en millions, des "meme coins" qui explosent du jour au lendemain, ou encore des bulles spéculatives qui incitent à des décisions impulsives. Arrêtez-vous un instant. Prenez une grande inspiration. Vous voulez vraiment maximiser vos chances de réussite ? Alors, oubliez les rêves de richesse rapide et concentrez-vous sur une stratégie solide : **investir sur le long terme.**

Pourquoi le long terme est essentiel dans un marché volatil

Les cryptomonnaies, plus que tout autre actif financier, sont synonymes de volatilité. Les fluctuations de prix importantes sont monnaie courante, parfois même en l'espace de quelques heures. Cette volatilité, bien qu'effrayante pour certains, est un atout pour ceux qui adoptent une perspective à long terme. Pourquoi ? Parce qu'elle permet d'amplifier les gains sur plusieurs années.

Regardez l'histoire de Bitcoin. En 2010, il valait moins de 0,10 €. À l'époque, peu de gens comprenaient son potentiel ou croyaient en sa vision. Ceux qui ont su le conserver, malgré les montagnes russes qu'il a traversées, ont vu leur investissement atteindre des niveaux astronomiques. Ce n'est pas une exception. D'autres cryptos, comme Ethereum, ont connu une croissance similaire en récompensant les investisseurs patients.

Mais attention, cela ne veut pas dire que toutes les cryptos atteindront de tels sommets. C'est pourquoi la patience doit s'accompagner de discernement. Investir à long terme, c'est accepter que certaines de vos décisions ne porteront pas leurs fruits immédiatement. Vous construisez un portefeuille résilient, conçu pour croître avec le temps, en dépit des hauts et des bas du marché.

Définir votre vision : pourquoi investissez-vous ?

Avant même de parler de stratégies ou de choix d'actifs, vous devez répondre à une question fondamentale : **pourquoi investissez-vous dans les cryptos ?** Vos réponses guideront chaque décision que vous prendrez. Voici quelques exemples :

- **Construire un patrimoine** : Vous souhaitez accumuler un capital à long terme, que ce soit pour une retraite confortable ou pour transmettre un héritage.

- **Financer un projet spécifique** : Peut-être rêvez-vous d'acheter une maison, de lancer une entreprise ou de voyager autour du monde.

- **Participer à une révolution technologique** : Vous croyez au potentiel des cryptos pour transformer le monde et voulez être un acteur de ce changement.

Une fois votre vision définie, écrivez-la. Oui, vraiment. Notez vos objectifs quelque part. Cela peut sembler anodin, mais cet exercice simple vous aidera à rester concentré, surtout lorsque les marchés deviennent chaotiques.

Choisir les bons actifs pour une stratégie long terme

Investir à long terme, ce n'est pas accumuler aveuglément des cryptomonnaies au hasard. Vous devez sélectionner des projets qui ont des fondamentaux solides et un potentiel de croissance durable. Voici quelques catégories d'actifs à considérer :

1. **Les leaders du marché : Bitcoin et Ethereum**
   Bitcoin, souvent surnommé "l'or numérique", est un actif de réserve décentralisé. Sa rareté (21 millions de BTC) et son adoption croissante en font une valeur refuge pour de nombreux investisseurs. Ethereum, de son côté, est la colonne vertébrale de la finance décentralisée (DeFi) et des applications décentralisées (dApps). Sa transition vers la preuve d'enjeu renforce encore son attrait.

2. **Les cryptomonnaies utilitaires**
   Recherchez des projets avec des cas d'usage concrets. Par exemple,

Binance Coin (BNB) est utilisé pour réduire les frais sur la plateforme Binance, tandis que Solana (SOL) offre une infrastructure rapide pour les applications décentralisées.

3. **Les stablecoins pour l'équilibre**
   Même si leur rendement est limité, les stablecoins (comme USDT ou USDC) peuvent offrir une stabilité à votre portefeuille en périodes de volatilité extrême.

4. **Les projets émergents**
   Investir dans des cryptos moins connues mais prometteuses peut offrir des rendements élevés, mais attention : ces actifs sont souvent plus risqués. Faites toujours vos recherches avant de vous engager.

Utiliser le DCA pour maîtriser la volatilité

Le **Dollar-Cost Averaging (DCA)** est une stratégie simple mais puissante pour investir sur le long terme. Au lieu d'investir une somme importante en une seule fois, vous investissez régulièrement une somme fixe, peu importe le prix du marché. Par exemple : investir 100 € chaque mois dans Bitcoin, qu'il soit à 30 000 € ou 15 000 €.

Cette méthode présente plusieurs avantages :

- **Réduction du stress lié au timing** : Vous n'avez pas besoin de prédire les hauts et les bas du marché.

- **Coût moyen réduit** : Vous achetez plus d'unités lorsque le prix est bas et moins lorsqu'il est haut, ce qui lisse votre coût global.

- **Discipline et régularité** : Le DCA vous aide à rester constant dans votre stratégie, même en période de doute.

Gérer ses émotions pour éviter les erreurs

Investir sur le long terme demande une certaine maîtrise de soi. Vous serez confronté à des moments où le marché est euphorique et où tout le monde semble faire des gains rapides. À l'inverse, il y aura des périodes de peur intense où les prix s'effondrent et où les médias annoncent la "fin des cryptos".

Voici quelques conseils pour garder la tête froide :

- **Évitez de consulter constamment les cours** : Cela peut amplifier vos émotions et vous pousser à des décisions impulsives.
- **Rappelez-vous de votre vision** : Chaque fois que vous êtes tenté de vendre ou d'abandonner, relisez vos objectifs à long terme.
- **Diversifiez votre portefeuille** : Ne mettez jamais tous vos œufs dans le même panier. Une diversification intelligente réduit les risques.

Les marchés baissiers : une opportunité déguisée

Les marchés baissiers, bien qu'intimidants, sont souvent les meilleurs moments pour investir. Lorsque tout semble en chute libre, les actifs solides se négocient à des prix réduits, offrant une opportunité exceptionnelle pour ceux qui pensent à long terme.

Prenez l'exemple d'Ethereum. Pendant le bear market de 2018, il est tombé en dessous de 100 $. Beaucoup d'investisseurs paniqués ont vendu. Mais ceux qui ont compris son potentiel et ont continué à accumuler ont vu leur investissement exploser lors du bull market suivant.

Conclusion : construire aujourd'hui pour récolter demain

Investir sur le long terme, c'est accepter que les gains ne viennent pas du jour au lendemain. Cela demande de la patience, de la discipline, et une vision claire de vos objectifs. Mais c'est aussi une stratégie qui vous protège des aléas du marché et vous permet de bâtir un patrimoine solide et durable.

Alors, posez-vous cette question : **"Dans 10 ans, de quoi serai-je fier ?"** Si vous commencez à investir aujourd'hui avec une stratégie réfléchie, il y a de fortes chances que votre futur vous remercie.

Diversifier son portefeuille : une clé pour minimiser les risques

Si je devais te donner un conseil crucial dans l'univers des cryptomonnaies, ce serait celui-ci : **ne mets jamais tous tes œufs dans le même panier**. Cette règle, si simple à comprendre, est pourtant négligée par de nombreux investisseurs. Résultat ? Beaucoup d'entre eux subissent des pertes catastrophiques lorsqu'un seul projet échoue ou que le marché change brutalement de direction. Parlons donc de diversification, cette stratégie qui protège ton capital tout en maximisant tes opportunités de croissance.

Pourquoi diversifier ?

Imagine un instant : tu investis toute ton épargne dans une seule cryptomonnaie. Elle grimpe en flèche pendant quelques mois, et tu te sens comme un génie de la finance. Puis, du jour au lendemain, une mauvaise nouvelle frappe – un bug dans le code, une régulation stricte, ou pire, une arnaque. Et là, tout s'effondre. En l'espace de quelques heures, tu perds tout. Ça fait peur, non ?

C'est exactement pour éviter ce scénario cauchemardesque que la diversification existe. Elle agit comme un filet de sécurité. Si un actif de ton portefeuille chute, les autres peuvent compenser, limitant ainsi les dégâts. Mais attention, diversifier ne signifie pas investir dans n'importe quoi. La qualité prime sur la quantité.

Les piliers d'un portefeuille diversifié

Diversifier, c'est plus qu'acheter plusieurs cryptos au hasard. Cela repose sur une stratégie réfléchie et une compréhension des différentes catégories d'actifs. Voici comment structurer un portefeuille équilibré :

1. **Les cryptomonnaies "blue chips"**
   Ce sont les piliers du marché, comme Bitcoin et Ethereum. Leur capitalisation élevée, leur adoption croissante et leur longévité en font des choix relativement stables. Ils représentent souvent la base d'un

portefeuille solide. Consacre une part importante de ton capital à ces actifs : 50 à 60 % est une bonne moyenne pour débuter.

2. **Les altcoins à fort potentiel**
Ces cryptos émergentes offrent des cas d'usage innovants. Pense à Solana (infrastructure rapide pour les dApps), Polkadot (interopérabilité des blockchains), ou Chainlink (oracles pour la DeFi). Attention cependant, car leur volatilité est plus élevée. Une allocation de 20 à 30 % est raisonnable pour ce type d'actifs.

3. **Les stablecoins**
Les stablecoins, comme l'USDT ou l'USDC, ne te rendront pas riche, mais ils jouent un rôle clé. Ils stabilisent ton portefeuille en période de forte volatilité et te permettent de profiter d'opportunités sans avoir à vendre dans la panique. Garde 10 à 15 % en stablecoins pour être prêt à acheter pendant les creux.

4. **Les investissements spéculatifs**
Enfin, une petite partie de ton portefeuille peut être consacrée à des cryptos à haut risque mais potentiellement très rémunératrices, comme des tokens récemment lancés ou des projets de niches. Limite cette catégorie à 5 % maximum pour éviter de trop t'exposer.

Diversification géographique et sectorielle

Diversifier, ce n'est pas seulement multiplier les cryptos. Pense également à diversifier selon d'autres critères :

- **Géographique** : Certaines cryptos sont plus influencées par des régulations locales ou des tendances régionales. Par exemple, des projets comme Cardano ont une forte présence en Afrique.

- **Sectorielle** : Les cryptos couvrent divers secteurs, comme la finance décentralisée (DeFi), les NFT, ou les solutions pour entreprises. Investir dans plusieurs secteurs te protège si l'un d'eux connaît un ralentissement.

Éviter la "sur-diversification" : un piège courant

Oui, il est possible de trop diversifier. Imagine que tu investisses dans 50 ou 100 cryptos différentes. Soudain, ton portefeuille devient ingérable. Tu perds le suivi de chaque projet, et cela peut mener à des erreurs coûteuses. La diversification doit rester stratégique. Un portefeuille de 10 à 15 cryptos bien choisies est souvent suffisant pour équilibrer risque et potentiel.

Les erreurs fréquentes en matière de diversification

Parler de diversification sans évoquer les pièges serait incomplet. Voici les erreurs que je vois souvent :

1. **Tout miser sur une seule catégorie**
   Certains investissent uniquement dans des projets DeFi ou des blockchains concurrentes. Résultat ? Si le secteur connaît un ralentissement, tout leur portefeuille en souffre.

2. **Ignorer les fondamentaux**
   Diversifier, ce n'est pas acheter toutes les cryptos populaires sur Twitter. Chaque projet doit être étudié : cas d'usage, équipe, communauté, partenaires, etc.

3. **Se fier uniquement aux stablecoins**
   Trop de stablecoins peuvent limiter tes opportunités de croissance. Trouve un équilibre entre stabilité et potentiel de rendement.

Quand et comment rééquilibrer ton portefeuille

La diversification n'est pas une action unique, mais un processus continu. Les marchés évoluent, tout comme les performances de tes actifs. C'est pourquoi il est essentiel de **rééquilibrer régulièrement ton portefeuille**.

Par exemple, si un altcoin que tu possèdes voit sa valeur tripler, il pourrait soudain représenter 50 % de ton portefeuille. Dans ce cas, il est sage d'en vendre une partie pour réinvestir dans d'autres actifs et rétablir l'équilibre initial.

Planifie une revue trimestrielle ou semestrielle pour évaluer si ton portefeuille est toujours aligné avec tes objectifs.

Conclusion : une stratégie gagnante pour l'avenir

Diversifier, c'est préparer ton portefeuille à affronter les incertitudes tout en maximisant tes chances de profiter des opportunités. Ce n'est pas une garantie contre les pertes, mais c'est une manière intelligente de les minimiser et de protéger ton capital.

Alors, pose-toi cette question : **"Mon portefeuille est-il prêt à affronter l'inconnu ?"** Si la réponse est "oui", tu es déjà en avance sur bien des investisseurs.

Stratégies pour le trading (support/résistance, RSI, etc.)

Ah, le trading… Ce mot peut sembler intimidant, n'est-ce pas ? Pourtant, il est au cœur de l'activité de nombreux investisseurs en cryptomonnaies. Contrairement à l'investissement passif où vous achetez et conservez vos actifs sur le long terme, le trading repose sur des mouvements plus fréquents pour tirer parti des fluctuations du marché. Mais avant de plonger tête baissée, vous devez comprendre les bases de quelques outils et concepts indispensables, comme les niveaux de support et de résistance ou encore l'indicateur RSI (Relative Strength Index). Prenons le temps de les explorer ensemble.

Les niveaux de support et de résistance : comprendre les zones clés

Imaginez que le prix d'une cryptomonnaie oscille comme une balle rebondissant entre le sol et le plafond. Le **support** est ce sol imaginaire : c'est un niveau de prix où l'actif a tendance à trouver de la stabilité et à repartir à la hausse. Le **résistance**, en revanche, est le plafond qui freine la montée des prix. Ces niveaux sont essentiels pour identifier où acheter ou vendre.

Prenons un exemple concret : supposons que le Bitcoin (BTC) oscille entre 25 000 $ et 30 000 $. Si vous remarquez que le prix rebondit plusieurs fois à 25 000 $, c'est un support solide. Inversement, si 30 000 $ agit comme une barrière où le prix est systématiquement rejeté, c'est une résistance.

Comment utiliser ces niveaux dans votre trading ?

- **Acheter près du support :** Lorsque le prix approche un support, il y a de fortes chances qu'il remonte. C'est donc une zone favorable pour acheter.

- **Vendre près de la résistance :** Si le prix atteint une résistance et montre des signes de faiblesse, cela peut être un bon moment pour vendre et prendre vos profits.

- **Attention aux cassures :** Si le prix franchit un support ou une résistance, cela peut indiquer un changement de tendance. Par exemple, une cassure au-dessus d'une résistance peut signaler une nouvelle phase haussière.

RSI : L'indicateur de la force du marché

Le **Relative Strength Index (RSI)** est l'un des outils les plus populaires parmi les traders. Il mesure la vitesse et l'ampleur des variations de prix d'un actif sur une période donnée, généralement 14 jours, et génère une valeur entre 0 et 100. En termes simples, il vous indique si un actif est **suracheté** (trop cher) ou **survendu** (sous-évalué).

Comment interpréter le RSI ?

- **RSI supérieur à 70 :** L'actif est considéré comme suracheté. Cela signifie qu'il pourrait y avoir une correction à venir, et c'est souvent un signal de vente.

- **RSI inférieur à 30 :** L'actif est considéré comme survendu. Cela suggère qu'il pourrait être sous-évalué et qu'une reprise est possible, ce qui en fait un bon moment pour acheter.

Cependant, il est essentiel de ne pas se fier uniquement au RSI. Combinez-le avec d'autres outils pour confirmer vos décisions. Par exemple, un RSI inférieur à 30 près d'un support peut être une double confirmation d'une opportunité d'achat.

Les moyennes mobiles : suivre la tendance

Les **moyennes mobiles** sont un autre outil précieux. Elles lissent les fluctuations de prix pour révéler la tendance générale. Les deux types les plus courants sont :

- **Moyenne mobile simple (SMA) :** Calculée en faisant la moyenne des prix sur une période donnée.

- **Moyenne mobile exponentielle (EMA) :** Donne plus de poids aux prix récents, ce qui la rend plus réactive aux changements rapides.

Les moyennes mobiles peuvent agir comme des supports ou des résistances dynamiques. Par exemple, si le prix d'une cryptomonnaie se maintient au-dessus de sa moyenne mobile sur 50 jours, cela peut indiquer une tendance haussière.

Astuce : Les croisements de moyennes mobiles sont aussi des signaux puissants. Si une EMA rapide (par exemple, sur 20 jours) croise à la hausse une EMA lente (par exemple, sur 50 jours), cela peut signaler une opportunité d'achat.

Combiner les outils pour une stratégie efficace

Aucun indicateur ou concept ne fonctionne parfaitement seul. La clé du succès en trading est de combiner ces outils pour construire une stratégie robuste. Par exemple :

- Identifiez les niveaux de support et de résistance sur un graphique.
- Confirmez votre analyse avec le RSI : si un support est atteint et que le RSI est bas, c'est un signal d'achat plus fort.
- Utilisez les moyennes mobiles pour vérifier si la tendance globale soutient votre décision.

Exemple pratique :

Supposons que le prix de l'Ethereum (ETH) approche un support à 1 500 $. Le RSI est à 28, indiquant un état de survente. En même temps, la moyenne mobile sur 200 jours est juste en dessous, offrant une couche supplémentaire de soutien. Ces signaux combinés renforcent l'idée que c'est un bon moment pour entrer sur le marché.

Les pièges du trading : soyez vigilant

Le trading peut être excitant, mais il n'est pas sans risques. Gardez à l'esprit que :

1. **Les indicateurs ne sont pas infaillibles :** Un support peut céder, un RSI suracheté peut monter encore plus. Rien n'est garanti.
2. **Les émotions sont vos pires ennemies :** N'achetez pas par peur de rater une opportunité (FOMO) et ne vendez pas dans la panique. Suivez votre stratégie.

3. **Gérez votre risque :** N'investissez jamais plus que ce que vous êtes prêt à perdre et utilisez des *stop-loss* pour limiter les pertes.

Le trading est un art qui demande de la patience, de l'apprentissage, et une bonne dose de discipline. Mais avec les bons outils et une stratégie bien réfléchie, vous pouvez naviguer avec confiance dans les eaux tumultueuses du marché des cryptomonnaies. Rappelez-vous : chaque trade est une opportunité d'apprendre, alors ne craignez pas les erreurs. Elles font partie du processus.

Créer une stratégie alignée avec ses objectifs de liberté financière

Savoir investir, c'est bien. Mais investir de manière stratégique, c'est encore mieux. Si vous êtes ici, c'est que vous cherchez plus qu'un simple guide sur les cryptomonnaies : vous voulez une feuille de route qui vous rapproche de vos objectifs de liberté financière. La bonne nouvelle ? Vous êtes au bon endroit. La clé pour y arriver, c'est de créer une stratégie claire et cohérente qui reflète non seulement vos ambitions, mais aussi votre tolérance au risque et votre horizon temporel.

Définir vos objectifs : que signifie pour vous la liberté financière ?

Avant même de parler de stratégie, posez-vous cette question : *qu'est-ce que la liberté financière signifie pour moi ?* Pour certains, c'est pouvoir vivre sans jamais se soucier de leurs dépenses. Pour d'autres, c'est avoir assez de revenus passifs pour couvrir leurs besoins essentiels tout en laissant un peu de place aux plaisirs de la vie. Peu importe votre définition, elle doit être claire et mesurable.

Prenez le temps d'écrire vos objectifs :

- **Court terme :** Par exemple, gagner assez pour financer un voyage ou un achat important.
- **Moyen terme :** Accumuler suffisamment pour sécuriser un fonds d'urgence ou investir dans des projets plus risqués.
- **Long terme :** Construire un portefeuille générant des revenus passifs pour prendre votre retraite anticipée ou atteindre l'indépendance financière.

Avoir des objectifs clairs vous aide à garder le cap, même lorsque le marché devient imprévisible.

Connaître votre tolérance au risque : quel type d'investisseur êtes-vous ?

Chaque investisseur est différent. Certains aiment les émotions fortes et n'hésitent pas à plonger dans des projets risqués en espérant des gains rapides. D'autres préfèrent avancer prudemment avec des investissements plus stables et prévisibles. Où vous situez-vous ? Soyez honnête avec vous-même, car cela déterminera les types de cryptomonnaies dans lesquelles vous devriez investir.

- **Si vous êtes prudent :** Les *blue chips* des cryptomonnaies comme Bitcoin et Ethereum sont souvent des choix sûrs. Elles ont une adoption massive et des cas d'utilisation clairs, ce qui réduit les risques.

- **Si vous aimez prendre des risques :** Vous pourriez envisager des projets plus petits avec un fort potentiel de croissance, mais sachez que les pertes peuvent être tout aussi rapides.

- **Si vous êtes un équilibriste :** Une combinaison des deux : un portefeuille majoritairement composé de cryptos établies, avec une petite part allouée à des projets émergents.

Votre tolérance au risque dictera également comment vous répartissez vos actifs. Cela nous amène à la prochaine étape.

Diversifiez, mais restez concentré : ne mettez pas tous vos œufs dans le même panier

La diversification est l'un des principes fondamentaux de l'investissement. Pourquoi ? Parce que même les cryptomonnaies les plus prometteuses peuvent connaître des périodes difficiles. En répartissant vos investissements sur plusieurs actifs, vous réduisez le risque global.

Comment diversifier efficacement ?

- **Par types de cryptos :** Incluez des cryptos d'utilité (comme Ethereum), des stablecoins (comme USDT pour limiter la volatilité), et des cryptos de gouvernance ou DeFi.

- **Par secteur :** Explorez des projets dans des domaines variés, comme le métavers, les NFTs, ou les solutions d'évolutivité blockchain.

- **Par taille de projet :** Combinez des cryptos bien établies avec des projets émergents à forte croissance.

Cela dit, ne tombez pas dans l'excès. Trop diversifier peut diluer vos rendements et rendre le suivi de vos investissements difficile. Une douzaine d'actifs bien choisis suffisent souvent.

Adopter une approche méthodique : bâtir un plan solide

Investir sans plan, c'est comme naviguer en pleine mer sans boussole. Votre stratégie doit inclure des règles claires pour savoir quoi acheter, quand acheter, et quand vendre. Voici quelques éléments essentiels à intégrer :

1. **Définissez vos règles d'entrée et de sortie :**
   - Achetez lorsque le marché montre des signes clairs d'opportunité (comme un support solide ou un RSI survendu).
   - Vendez lorsque vos objectifs de profit sont atteints ou que le marché devient trop risqué.

2. **Calculez votre budget d'investissement :**
   - Combien êtes-vous prêt à investir chaque mois ? Fixez une limite qui ne compromet pas vos besoins quotidiens.

3. **Fixez des objectifs de rendement :**
   - Si votre objectif est de doubler votre mise sur cinq ans, ajustez vos investissements pour qu'ils reflètent ce calendrier.

4. **Gérez vos pertes :**
   - Utilisez des *stop-loss* pour limiter les dégâts si le marché évolue à votre désavantage.

Automatiser et rester discipliné

L'une des meilleures façons de rester cohérent dans votre stratégie est d'automatiser certaines étapes. Le **DCA (Dollar-Cost Averaging)**, par exemple, est une excellente méthode pour investir régulièrement sans vous soucier des fluctuations à court terme. Cela peut être aussi simple que de paramétrer un achat automatique de Bitcoin chaque mois via votre plateforme d'échange.

Mais surtout, restez discipliné. Ne laissez pas vos émotions dicter vos actions. Lorsque le marché est euphorique, résistez à l'envie d'acheter trop cher. Et lorsque tout semble s'effondrer, rappelez-vous de votre plan et tenez bon.

Revoir et ajuster : une stratégie évolutive

Votre vie change, tout comme le marché des cryptomonnaies. Une bonne stratégie est une stratégie vivante. Prenez le temps de revoir votre portefeuille et vos objectifs tous les six mois ou une fois par an. Cela vous permettra d'ajuster votre cap en fonction de vos nouveaux objectifs ou des nouvelles opportunités.

Par exemple, si vous avez atteint un objectif intermédiaire, comme acheter un bien immobilier, vous pourriez réorienter vos investissements vers des actifs moins risqués. Ou, si un nouveau secteur prometteur émerge dans l'univers crypto, vous pourriez y allouer une partie de votre portefeuille.

Créer une stratégie alignée avec vos objectifs financiers est plus qu'un exercice intellectuel : c'est une promesse que vous vous faites, une promesse de discipline et de constance. Souvenez-vous, ce chemin vers la liberté financière n'est pas une course, mais un marathon. Alors, prenez le temps de construire votre plan, de le peaufiner, et surtout, de lui faire confiance.

Chapitre 6 : Atteindre la liberté financière grâce aux cryptos

Les cryptomonnaies ne sont pas qu'un investissement parmi tant d'autres ; elles sont une véritable opportunité pour transformer votre approche de la liberté financière. Mais qu'est-ce que cela signifie réellement d'être libre financièrement ? Et comment les cryptos peuvent-elles vous aider à y parvenir ? Ce chapitre est conçu pour vous guider dans l'élaboration d'une feuille de route claire et réaliste. Vous y découvrirez comment fixer vos objectifs financiers, naviguer dans les cycles imprévisibles des marchés, décider quand retirer vos profits et diversifier vos actifs pour construire une stabilité à long terme.

Définir un objectif clair (montant, délai)

Investir dans les cryptomonnaies peut sembler à la fois excitant et intimidant. Mais pour que cette aventure devienne un véritable levier vers la liberté financière, il faut commencer par répondre à une question essentielle : **où voulez-vous aller ?** Fixer un objectif clair, que ce soit en termes de montant ou de délai, est la base de tout investissement réussi. C'est une étape fondamentale que beaucoup négligent, se lançant à l'aveugle, ce qui les expose à des risques inutiles. Alors, installez-vous confortablement et réfléchissons ensemble à ce que vous voulez accomplir.

Pourquoi avez-vous besoin d'un objectif clair ?

Imaginez que vous preniez la route sans destination précise. Vous pourriez rouler des heures, tourner en rond, ou finir dans un endroit qui ne correspond pas du tout à vos attentes. Investir sans objectif, c'est un peu pareil. Beaucoup de débutants se contentent de dire : « Je veux gagner de l'argent », mais cela ne suffit pas. Un objectif clair vous donne une direction et un cadre. Il vous aide à rester concentré, à gérer vos émotions face aux fluctuations du marché et, surtout, à évaluer vos progrès.

Demandez-vous : pourquoi voulez-vous investir ? Est-ce pour acheter votre première maison ? Financer les études de vos enfants ? Ou tout simplement pour ne plus avoir à travailler dans 10 ans ? Une fois que vous aurez identifié votre « pourquoi », vous pourrez transformer cette motivation en chiffres concrets.

Comment fixer un objectif financier ?

Fixer un objectif, c'est d'abord choisir un montant précis. Par exemple, disons que vous voulez atteindre 100 000 euros en dix ans. Pourquoi ce chiffre ? Parce qu'il pourrait vous offrir la liberté de réduire vos heures de travail, de lancer un projet qui vous tient à cœur, ou simplement de vivre sans le stress des factures. Quel que soit votre montant, l'important est qu'il soit adapté à vos besoins et à votre style de vie.

Ensuite, réfléchissez au délai dans lequel vous souhaitez atteindre cet objectif. Si vous vous donnez 5 ans, cela implique un rythme d'investissement plus intense et peut-être une prise de risque plus élevée. En revanche, avec un horizon de 10 ou 15 ans, vous pouvez opter pour une approche plus prudente et régulière. L'essentiel est que votre objectif soit réaliste et atteignable.

Vous pourriez penser : « Mais comment savoir si mon objectif est réaliste ? ». La réponse réside dans vos ressources actuelles et dans votre capacité à investir régulièrement. Par exemple, si vous pouvez allouer 300 euros par mois à l'investissement en cryptos, avec un rendement annuel moyen de 10 %, vous atteindrez environ 60 000 euros en 10 ans. Si ce montant est inférieur à votre objectif initial, pas de panique ; vous pouvez ajuster vos contributions, chercher à augmenter vos rendements ou allonger le délai.

Le rôle des objectifs à court et long terme

Un bon plan d'investissement repose souvent sur une combinaison d'objectifs à court terme et à long terme. Les objectifs à court terme (1 à 3 ans) peuvent inclure des choses comme constituer une réserve d'urgence ou tester différentes stratégies d'investissement. Ces objectifs sont essentiels pour vous donner des résultats tangibles rapidement et maintenir votre motivation.

À l'inverse, les objectifs à long terme (5 à 15 ans) vous permettent de vous concentrer sur l'accumulation de richesses et la construction d'un portefeuille robuste. Par exemple, si votre objectif à long terme est d'avoir un portefeuille crypto d'une valeur de 500 000 euros dans 15 ans, vous pouvez le diviser en étapes intermédiaires. Chaque étape franchie sera une victoire qui vous rapprochera de votre objectif ultime.

Adaptez vos objectifs à votre tolérance au risque

Investir dans les cryptos n'est pas une aventure sans risque, et vos objectifs doivent refléter votre tolérance personnelle à ces risques. Par exemple, si vous êtes prêt à prendre des risques importants pour accélérer vos gains, vos objectifs seront plus ambitieux, mais vous devrez être prêt à faire face à une plus grande volatilité. En revanche, si vous préférez une approche plus stable, vous pourriez vous concentrer sur des cryptos moins volatiles ou sur des stablecoins offrant un rendement d'intérêt passif.

Un point crucial ici est d'être honnête avec vous-même. Si la perspective de perdre 20 % de votre portefeuille en une semaine vous empêche de dormir, ajustez vos objectifs pour privilégier la sécurité. La clé est de trouver un équilibre entre ambition et sérénité.

Suivre ses objectifs : un travail constant

Une fois vos objectifs définis, ne les laissez pas prendre la poussière dans un coin. Révisez-les régulièrement pour vous assurer qu'ils restent pertinents. Les marchés évoluent, tout comme vos priorités personnelles. Peut-être qu'après quelques années, vous aurez besoin de redéfinir vos objectifs en fonction d'un nouvel emploi, d'un changement familial ou de l'apparition de nouvelles opportunités.

Utilisez des outils comme des tableurs ou des applications d'investissement pour suivre vos progrès. Chaque contribution, chaque gain ou perte vous rapproche de votre objectif. Si vous êtes en avance sur votre calendrier, félicitations ! Si vous êtes en retard, ne vous découragez pas. L'important est de continuer à avancer.

Conclusion : Faites le premier pas

Fixer un objectif clair, c'est poser la première pierre de votre indépendance financière. Ce processus peut sembler intimidant au début, mais il s'agit d'un exercice précieux qui vous aidera à transformer vos rêves en un plan concret. Prenez le temps de réfléchir à ce que vous voulez vraiment, de traduire cette vision en chiffres et de bâtir une stratégie réaliste.

Rappelez-vous : atteindre la liberté financière grâce aux cryptos n'est pas une course contre la montre. C'est un marathon, une aventure qui vous invite à apprendre, à grandir et à progresser, un pas à la fois. Alors, prenez un stylo, une feuille de papier, et commencez à dessiner votre avenir dès maintenant.

Comprendre les cycles de marché : bear markets, bull markets, et tout ce qu'il y a entre les deux

Les cycles de marché sont le cœur battant de l'univers des cryptomonnaies. Ils rythment la montée en flèche des prix, les chutes spectaculaires et tout le suspense entre les deux. Comprendre ces cycles, c'est comme apprendre à lire une carte avant de s'aventurer dans une forêt dense. Cela peut sembler complexe, mais c'est absolument essentiel si vous voulez naviguer avec succès dans ce monde en constante évolution.

Prenons un peu de recul et plongeons ensemble dans les rouages des cycles de marché. Que vous soyez un investisseur aguerri ou un débutant curieux, cette compréhension vous aidera à voir au-delà des émotions et des gros titres pour prendre des décisions éclairées.

Le bull market : quand tout semble possible

Un bull market, c'est la période de rêve pour tout investisseur. Les prix montent, les médias s'enflamment, et les gains semblent presque garantis. Mais pourquoi ces périodes arrivent-elles ? Et comment en profiter au maximum tout en évitant les pièges ?

Un bull market survient généralement lorsqu'il y a une combinaison de facteurs favorables : adoption accrue des cryptos, innovations technologiques ou encore influx massif d'investisseurs institutionnels. Ces périodes sont marquées par un optimisme généralisé, une demande élevée et une peur de manquer l'opportunité (ce qu'on appelle le FOMO, pour *Fear of Missing Out*).

Mais attention : cette euphorie peut aussi devenir un piège. Lors d'un bull market, il est facile de se laisser emporter par les hausses spectaculaires et d'investir sans réfléchir. Les nouveaux investisseurs, en particulier, ont tendance à acheter lorsque les prix sont au sommet, pour ensuite paniquer et vendre dès que le marché corrige. Pour éviter cela, fixez une stratégie claire dès le départ. Par exemple, vous pourriez décider de retirer une partie de vos gains à chaque fois que votre portefeuille augmente de 20 %.

Le bear market : le creux de la vague

Si le bull market est une fête, le bear market est le lendemain difficile. Les prix chutent, le pessimisme s'installe, et beaucoup d'investisseurs abandonnent. Mais, comme on dit souvent, c'est dans ces moments que les plus grandes opportunités se présentent.

Un bear market est généralement déclenché par une combinaison de facteurs comme une régulation défavorable, une crise économique ou un événement négatif dans l'écosystème crypto (par exemple, l'effondrement d'une grande plateforme d'échange). Ces périodes peuvent durer des mois, voire des années, mais elles finissent toujours par laisser place à une reprise.

Alors, comment survivre à un bear market ? Premièrement, rappelez-vous pourquoi vous avez investi. Si vos objectifs sont à long terme, une chute temporaire des prix ne devrait pas vous inquiéter. Deuxièmement, évitez de regarder votre portefeuille tous les jours. Cela ne fera qu'amplifier votre stress. Enfin, considérez ces périodes comme des opportunités pour acheter des cryptos à prix réduit. C'est ce qu'on appelle « acheter la peur », une stratégie adoptée par de nombreux investisseurs chevronnés.

Les phases intermédiaires : quand l'incertitude règne

Entre les bull et bear markets, il y a souvent des périodes d'incertitude, où le marché oscille sans direction claire. Ces phases peuvent être frustrantes, car les prix montent et descendent sans logique apparente, et il devient difficile de savoir s'il faut acheter, vendre ou attendre.

Pour gérer ces périodes, armez-vous de patience et d'une stratégie d'investissement bien définie. Par exemple, le *dollar-cost averaging* (DCA), où vous investissez une somme fixe à intervalles réguliers, est particulièrement utile dans ces moments d'incertitude. Cette méthode vous permet de lisser les fluctuations du marché et de réduire le risque d'acheter au mauvais moment.

Les cycles en cryptomonnaie : plus courts, plus intenses

Contrairement aux marchés traditionnels comme les actions ou l'immobilier, les cycles des cryptos sont souvent plus courts et beaucoup plus volatils. Cela s'explique par la jeunesse de ce marché, son caractère spéculatif et l'absence de régulations stabilisatrices. Par exemple, un cycle complet en crypto peut durer entre 3 et 4 ans, contre 7 à 10 ans pour les marchés boursiers traditionnels.

Un facteur clé des cycles crypto est le *halving* de Bitcoin. Tous les quatre ans environ, la récompense pour les mineurs de Bitcoin est divisée par deux, réduisant l'offre de nouvelles pièces sur le marché. Historiquement, chaque *halving* a été suivi d'un bull market, car la réduction de l'offre stimule la demande. Garder un œil sur ces événements peut donc vous aider à anticiper les mouvements du marché.

Comment utiliser les cycles à votre avantage

Comprendre les cycles de marché, c'est bien, mais savoir les utiliser à votre avantage, c'est encore mieux. Voici quelques stratégies clés :

1. **Adoptez une vision à long terme**
   Les fluctuations à court terme peuvent être effrayantes, mais elles ne doivent pas détourner votre attention de vos objectifs à long terme. Si vous croyez au potentiel des cryptos, considérez chaque cycle comme une étape vers votre objectif final.

2. **Apprenez à détecter les signaux**
   L'analyse technique peut vous aider à repérer les signaux indiquant le début ou la fin d'un cycle. Par exemple, un volume de transactions élevé combiné à une hausse des prix pourrait signaler un début de bull market.

3. **Ne laissez pas vos émotions prendre le dessus**
   La peur et l'euphorie sont les ennemis de tout investisseur. Gardez une approche rationnelle, suivez votre plan et évitez de prendre des décisions impulsives basées sur les émotions ou les tendances du moment.

Conclusion : Les cycles sont vos alliés

Les cycles de marché peuvent sembler intimidants, mais ils sont en réalité une opportunité d'apprendre et de grandir en tant qu'investisseur. Chaque phase, qu'elle soit haussière, baissière ou neutre, a ses propres caractéristiques et opportunités. En prenant le temps de comprendre ces dynamiques, vous serez mieux équipé pour naviguer dans l'univers complexe et passionnant des cryptomonnaies.

Alors, prenez une grande inspiration, observez le marché avec curiosité et souvenez-vous que les cycles ne sont qu'une partie de l'histoire. Avec une stratégie solide et une vision à long terme, vous pouvez transformer ces mouvements apparemment imprévisibles en étapes claires vers votre liberté financière.

Savoir quand retirer des profits

L'une des compétences les plus difficiles à maîtriser pour un investisseur en cryptomonnaies est de savoir quand retirer ses profits. Trop de personnes se laissent emporter par l'avidité ou la peur et finissent par rater des opportunités cruciales. Pourtant, la prise de profits est essentielle pour sécuriser vos gains et progresser vers vos objectifs financiers. Il ne s'agit pas seulement de vendre au bon moment, mais aussi de développer une stratégie cohérente qui vous permette de réduire vos risques tout en maximisant vos rendements.

Pourquoi est-il si difficile de prendre des profits ?

Beaucoup de novices dans le monde des cryptos commettent l'erreur de croire que les prix continueront à monter indéfiniment. L'excitation d'un marché haussier peut brouiller le jugement : on voit ses investissements grimper de 100 %, 500 %, voire plus, et on se convainc qu'il vaut mieux attendre pour "encore plus". Cette approche, guidée par l'avidité, finit souvent mal lorsque le marché inverse brutalement sa tendance.

À l'inverse, certains investisseurs prennent leurs profits trop tôt par peur de perdre les gains déjà réalisés. Cette approche trop prudente limite leur potentiel de croissance. Retirer des profits exige un équilibre délicat entre discipline, patience et gestion des émotions.

Fixer des objectifs financiers clairs

La première étape pour savoir quand retirer des profits consiste à définir clairement vos objectifs. Pourquoi investissez-vous ? Est-ce pour financer un projet spécifique, comme l'achat d'une maison ou un voyage ? Cherchez-vous à construire un patrimoine à long terme ? La réponse à ces questions influencera directement votre stratégie de retrait.

Par exemple, si vous investissez pour un objectif à court terme, il peut être judicieux de retirer une partie de vos gains dès que vous atteignez un seuil prédéfini. Si votre objectif est plus ambitieux, comme atteindre l'indépendance financière, vous pouvez choisir de maintenir une plus grande exposition aux cryptos, tout en retirant des profits de manière régulière pour sécuriser une partie de vos gains.

Utiliser la règle des pourcentages

Une méthode populaire pour gérer les prises de profits est de vendre une partie de vos positions à des niveaux prédéfinis, basés sur des pourcentages. Par exemple, vous pourriez décider de vendre 20 % de vos actifs chaque fois qu'ils augmentent de 50 %. Cette approche garantit que vous sécurisez une partie de vos gains tout en laissant le reste de vos investissements bénéficier d'une potentielle croissance future.

Prenons un exemple concret. Si vous avez investi 1 000 € dans une cryptomonnaie qui double pour atteindre 2 000 €, vous pourriez retirer 500 € (soit 25 % de votre position) tout en laissant les 1 500 € restants continuer à travailler pour vous. Cette stratégie vous permet de réduire votre exposition au risque tout en restant dans le jeu.

L'importance de la diversification

Retirer des profits peut aussi être une opportunité pour diversifier votre portefeuille. Lorsque vous vendez une partie de vos positions gagnantes, vous pouvez réinvestir ces fonds dans d'autres actifs, qu'il s'agisse d'autres cryptomonnaies ou d'instruments financiers traditionnels comme les actions ou les obligations.

La diversification est une stratégie particulièrement utile pendant un bull market. Si certains actifs explosent en valeur, d'autres peuvent offrir des rendements plus stables ou être moins sensibles aux corrections. En répartissant vos gains, vous protégez votre portefeuille contre les baisses brutales qui caractérisent souvent les marchés des cryptos.

Surveiller les signaux du marché

Un autre élément crucial pour savoir quand retirer des profits est de surveiller les signaux du marché. Les bull markets ne durent pas éternellement, et plusieurs indicateurs peuvent suggérer qu'un sommet est proche. Voici quelques signes à observer :

- **Surenchère médiatique** : Lorsque tout le monde parle des cryptos et que des personnes sans expérience se mettent à investir en masse, cela peut indiquer que le marché est surchauffé.

- **Volumes de trading élevés mais stagnation des prix** : Si les volumes augmentent considérablement mais que les prix n'évoluent plus, cela peut signaler une fatigue du marché.

- **Analyse technique** : Des outils comme le RSI (indice de force relative) ou les moyennes mobiles peuvent aider à identifier des niveaux de surachat.

En combinant ces signaux avec vos propres objectifs, vous serez mieux armé pour prendre des décisions éclairées.

Ne jamais attendre le sommet parfait

Beaucoup d'investisseurs font l'erreur de vouloir "vendre au sommet", c'est-à-dire au prix le plus élevé possible. Bien que cette idée soit séduisante, elle est presque impossible à réaliser. Les sommets ne sont visibles qu'après coup, lorsque le marché a déjà commencé à chuter. Essayer de prédire précisément le sommet peut vous paralyser et vous empêcher de retirer vos profits à temps.

Adoptez plutôt une approche progressive : vendez par étapes à mesure que les prix augmentent. Cette méthode vous permet de profiter de la hausse tout en sécurisant vos gains. Par exemple, vous pourriez retirer 10 % de votre position lorsque le prix atteint un premier seuil, 20 % à un second seuil, et ainsi de suite.

Réduire les risques lors des périodes de forte volatilité

Les cryptomonnaies sont notoirement volatiles, et cette volatilité peut être particulièrement extrême lors des périodes de transition entre un bull et un bear market. Retirer des profits avant ces périodes peut vous éviter de subir de lourdes pertes. Une stratégie prudente consiste à établir des *stop-loss*, qui sont des ordres automatiques pour vendre un actif si son prix tombe en dessous d'un certain niveau.

Imaginez que vous avez acheté du Bitcoin à 80 000 € et qu'il atteint 110 000 €. Vous pourriez placer un stop-loss à 95 000 € pour vous assurer que, même si le prix chute brusquement, vous sécuriserez tout de même une partie de vos gains.

Réinvestir dans des actifs stables

Une fois que vous avez retiré vos profits, il peut être tentant de tout réinvestir dans d'autres cryptomonnaies à fort potentiel. Cependant, une partie de vos gains devrait idéalement être placée dans des actifs plus stables, comme les stablecoins ou même des comptes d'épargne en euros ou en dollars. Ces actifs offrent une protection contre la volatilité et peuvent servir de réserve de valeur en attendant de nouvelles opportunités d'investissement.

Prendre des profits, une discipline essentielle

Prendre des profits n'est pas seulement une question de maximiser ses gains : c'est une discipline qui vous permet de garder le contrôle sur vos finances et de réduire votre exposition au risque. En adoptant une stratégie claire et en restant fidèle à vos objectifs, vous évitez de tomber dans les pièges de l'avidité ou de la peur. Retirer des profits, c'est sécuriser votre progression vers la liberté financière tout en vous préparant aux opportunités futures.

Réinvestir dans d'autres actifs pour réduire les risques

Lorsque vous plongez dans le monde des cryptomonnaies, la tentation de mettre toutes vos économies dans un seul actif peut être grande, surtout si vous avez connu un début prometteur. Mais, aussi séduisant que puisse être le rendement d'une crypto qui explose, il est crucial de comprendre une règle fondamentale de l'investissement : **la diversification**. Ce principe, vieux comme le monde de la finance, est l'une des meilleures stratégies pour gérer et réduire les risques. Mais pourquoi est-ce si important, et comment pouvez-vous l'appliquer concrètement dans l'univers des cryptomonnaies ?

La diversification : l'armure contre l'incertitude

Les cryptomonnaies sont réputées pour leur volatilité. Un jour, une crypto peut voir son prix doubler, et le lendemain, il peut chuter de 30 %. Ce genre de fluctuation est à la fois excitant et stressant. Si vous investissez uniquement dans une seule crypto, vous exposez votre portefeuille à de grands risques. Par exemple, imaginez que vous investissiez tout dans un altcoin populaire qui connaît un pic soudain. Le lendemain, ce même altcoin pourrait voir sa valeur chuter après une mauvaise nouvelle ou un changement de réglementation. Une telle situation peut être dévastatrice pour votre portefeuille si vous n'avez pas anticipé cette volatilité.

C'est là que la diversification devient essentielle. Diversifier vos investissements vous permet de répartir les risques sur plusieurs actifs différents, plutôt que de tout mettre dans une seule "couche" d'investissement. Même si une de vos cryptos perd de la valeur, vous avez d'autres actifs qui peuvent compenser cette perte. Ce concept ne s'applique pas uniquement aux cryptomonnaies, mais à l'ensemble des investissements. Lorsque vous diversifiez vos actifs, vous réduisez la probabilité de tout perdre d'un seul coup, car vous ne dépendez pas d'un seul facteur. Mais comment procéder dans le monde des cryptos et au-delà ?

Comment diversifier dans l'univers des cryptomonnaies

La première étape pour diversifier votre portefeuille crypto consiste à choisir différentes cryptomonnaies. Cela peut sembler évident, mais beaucoup d'investisseurs se concentrent sur une ou deux cryptos majeures, comme Bitcoin ou Ethereum, et négligent les autres opportunités sur le marché. Voici quelques catégories dans lesquelles vous pourriez envisager d'investir pour une diversification réussie :

1. **Les cryptomonnaies de premier plan** : Bitcoin (BTC) et Ethereum (ETH) dominent toujours le marché, mais elles ne sont pas les seules. D'autres cryptos, comme Binance Coin (BNB), Cardano (ADA) ou Solana (SOL), peuvent offrir de bonnes opportunités à long terme. Ces cryptos, bien qu'elles soient souvent plus volatiles que Bitcoin, bénéficient d'une adoption croissante et de solides projets sous-jacents.

2. **Les stablecoins** : Une autre manière de diversifier votre portefeuille est d'investir dans des stablecoins comme le Tether (USDT) ou l'USD Coin (USDC). Ces cryptos sont rattachées à une monnaie fiduciaire (comme le dollar américain), ce qui les rend beaucoup moins volatiles. Bien que leur rendement soit plus faible, elles peuvent constituer un excellent moyen de réduire le risque global de votre portefeuille.

3. **Les cryptomonnaies de niche** : Certains projets plus petits, souvent appelés "altcoins", peuvent offrir des opportunités intéressantes. Cependant, ces cryptos sont plus risquées et leur valeur est souvent plus volatile. Investir dans une sélection diversifiée d'altcoins peut permettre de capter les rendements de projets à fort potentiel sans trop se concentrer sur un seul actif.

4. **Les tokens de la finance décentralisée (DeFi)** : Le secteur DeFi est en plein essor. Des tokens comme Uniswap (UNI) ou Aave (AAVE) permettent aux investisseurs de participer à des écosystèmes décentralisés qui offrent des rendements passifs via des prêts et des échanges. Ces actifs offrent un excellent potentiel de croissance, mais comportent aussi des risques spécifiques à la technologie et à la régulation.

La diversification au-delà des cryptomonnaies

Si les cryptomonnaies sont une classe d'actifs passionnante, elles ne doivent pas être l'unique composant de votre portefeuille. Réduire les risques signifie aussi ne pas mettre "tous vos œufs dans le même panier". Voici quelques autres catégories d'actifs dans lesquels vous pouvez réinvestir :

1. **Les actions** : Les actions, en particulier celles des entreprises technologiques ou des entreprises en croissance rapide, peuvent offrir un excellent moyen de diversification. De plus, contrairement aux cryptomonnaies, les actions sont souvent plus stables et peuvent offrir un revenu passif via les dividendes.

2. **L'immobilier** : L'immobilier est un autre investissement traditionnel que vous pouvez utiliser pour équilibrer les risques liés aux cryptomonnaies. Bien que l'immobilier puisse demander des investissements initiaux plus importants, il reste une valeur refuge en période d'incertitude économique. De plus, des plateformes de financement participatif immobilier vous permettent d'investir avec moins d'argent et de profiter de rendements réguliers.

3. **Les matières premières** : L'or, l'argent et d'autres matières premières peuvent servir d'outil de couverture contre les risques liés à l'inflation et aux crises économiques. Bien que l'or et l'argent soient relativement peu rentables par rapport aux cryptos, ils offrent une stabilité qui peut contrebalancer les hausses et baisses des cryptos.

4. **Les fonds d'investissement ou ETF** : Si vous n'avez pas le temps ou l'expertise pour gérer vous-même votre portefeuille, investir dans des fonds d'investissement ou des ETF (fonds négociés en bourse) peut être une solution. Ces fonds offrent une exposition diversifiée à différents actifs, y compris des actions, des obligations, et des matières premières, tout en réduisant les risques de manière considérable.

L'équilibre entre risques et rendements

Investir, c'est toujours jongler entre risques et rendements. Le but de la diversification est de vous permettre de maximiser vos gains tout en minimisant vos pertes. En réinvestissant dans d'autres actifs, vous n'éliminez pas les risques, mais vous les réduisez de manière significative. Vous vous donnez aussi la possibilité de capter des rendements provenant de différentes sources.

Si vous placez tout votre argent dans des cryptomonnaies et que le marché subit une correction importante, vos pertes peuvent être conséquentes. Mais si une partie de vos investissements est dans des actions, de l'immobilier ou des matières premières, vous avez plus de chances de limiter l'impact d'une chute du marché crypto. Chaque classe d'actifs réagit différemment aux changements économiques mondiaux, et en les combinant judicieusement, vous construisez un portefeuille plus résilient.

Conclusion : La diversification comme principe fondamental de l'investissement

Réinvestir dans d'autres actifs n'est pas juste une stratégie intelligente, c'est un principe fondamental de tout portefeuille d'investisseur. Vous voulez que votre portefeuille soit capable de résister aux secousses du marché et aux crises économiques. Cela signifie qu'il faut éviter de mettre tous vos fonds dans une seule catégorie d'actifs. En répartissant vos investissements entre cryptomonnaies, actions, immobilier et autres, vous vous assurez une protection contre les périodes de turbulences.

Les cryptomonnaies ont un potentiel énorme, mais elles sont aussi extrêmement volatiles et sujettes à des risques imprévisibles. En diversifiant vos investissements, vous vous donnez les meilleures chances d'atteindre vos objectifs de liberté financière tout en maîtrisant les risques. Vous pouvez ainsi profiter de la croissance des cryptos tout en restant protégé contre leurs baisses abruptes.

Chapitre 7 : La vision à long terme des cryptomonnaies

Les cryptomonnaies sont un domaine d'investissement émergent, qui, même s'il semble volatile et risqué aujourd'hui, pourrait bien redéfinir le futur de l'économie mondiale dans les années à venir. Dans ce chapitre, nous allons explorer l'impact des cryptomonnaies sur l'économie mondiale et comment un investissement à long terme dans ces actifs peut vous offrir une opportunité unique. Nous discuterons de l'évolution des cryptomonnaies, de leur adoption à l'échelle mondiale, et de leur place dans la finance du futur.

Nous verrons aussi comment maintenir une approche éthique dans vos investissements tout en vous préparant à l'avenir. Enfin, nous aborderons l'importance de l'éducation continue et de l'adaptabilité face à des marchés en constante évolution.

Les cryptomonnaies dans 10, 20, 50 ans : Une vision à long terme

Imaginez un monde où les cryptomonnaies ne sont plus seulement une curiosité technologique ou un investissement spéculatif, mais une partie intégrante de la vie quotidienne. Si vous êtes ici, c'est que vous voulez comprendre où ce marché en pleine évolution peut nous mener. Alors, regardons ensemble ce que pourraient devenir les cryptomonnaies dans 10, 20, voire 50 ans. Pas de boule de cristal ici, mais des hypothèses solides basées sur les tendances actuelles.

Dans 10 ans : L'adoption universelle

Dans la prochaine décennie, les cryptomonnaies pourraient enfin atteindre leur **plein potentiel d'adoption massive**. On voit déjà les premières étapes de cette révolution : des entreprises comme Tesla et Visa les intègrent dans leurs modèles économiques, et des banques traditionnelles proposent désormais des produits cryptos. En dix ans, ce qui est aujourd'hui un mouvement de pionniers pourrait devenir un standard mondial.

Les **paiements en cryptomonnaies** pourraient devenir aussi courants que l'utilisation d'une carte bancaire. Imaginez payer votre café en Bitcoin ou acheter une maison en stablecoins, tout cela sans intermédiaires coûteux. Les pays en développement, où les systèmes bancaires sont parfois défaillants, pourraient être les premiers à adopter cette nouvelle norme. Les cryptos, accessibles via un smartphone, offrent une alternative simple et efficace pour des milliards de personnes.

Cependant, l'adoption massive nécessitera une **réglementation claire et globale**. Les gouvernements devront trouver un équilibre entre encourager l'innovation et protéger les consommateurs. Les banques centrales, par exemple, expérimentent déjà des **monnaies numériques de banque centrale (CBDC)**, qui pourraient coexister avec les cryptos décentralisées, tout en renforçant leur acceptation.

Dans 20 ans : Une révolution structurelle

Dans deux décennies, les cryptomonnaies pourraient transformer des pans entiers de notre économie. Les institutions financières traditionnelles pourraient avoir évolué pour devenir presque méconnaissables, ou avoir été remplacées par des plateformes basées sur la blockchain. Pourquoi attendre trois jours pour qu'un transfert bancaire international soit validé quand un paiement crypto est instantané et moins coûteux ?

Les entreprises pourraient s'appuyer massivement sur la blockchain pour optimiser leurs chaînes logistiques. Par exemple, un producteur agricole pourrait utiliser une blockchain publique pour suivre ses récoltes, depuis le champ jusqu'au consommateur, garantissant ainsi **transparence et efficacité**.

De nouveaux métiers et écosystèmes entiers pourraient émerger autour des cryptomonnaies. Pensez à des innovations comme les **contrats intelligents**, qui pourraient automatiser des processus complexes, ou aux **DAO** (organisations autonomes décentralisées), qui redéfinissent la gouvernance d'entreprise. Nous pourrions aussi voir une intégration complète des cryptos dans des secteurs inattendus, comme la santé ou l'éducation, où elles pourraient faciliter l'accès aux services ou garantir la confidentialité des données.

Dans 50 ans : Une économie entièrement décentralisée ?

Là, nous entrons dans le domaine des hypothèses audacieuses. Si les tendances actuelles continuent, les cryptomonnaies pourraient être à la base d'une **économie mondiale décentralisée**. Imaginez un monde où aucun pays, aucune banque centrale ne contrôle l'émission monétaire. Où les citoyens eux-mêmes, via des réseaux blockchain, gèrent et valident les transactions globales.

Dans 50 ans, les cryptos pourraient également permettre une **véritable inclusion financière mondiale**. Les 1,7 milliard de personnes qui n'ont pas accès aux banques aujourd'hui pourraient être pleinement intégrées dans l'économie grâce à des portefeuilles numériques accessibles à tous.

Certains experts imaginent même un futur où les cryptomonnaies alimenteront des technologies encore inimaginables aujourd'hui, comme les économies interplanétaires. Si l'humanité colonise d'autres planètes, il faudra une monnaie qui transcende les frontières terrestres. Et quoi de mieux qu'une cryptomonnaie ?

Les défis à venir

Malgré ces perspectives fascinantes, il est important de rappeler que l'avenir des cryptomonnaies dépend de plusieurs défis. Leur adoption massive nécessite une meilleure **éducation financière**, une technologie plus accessible et une infrastructure énergétique plus durable. Après tout, le débat sur l'impact écologique du Bitcoin, par exemple, est loin d'être résolu.

Ensuite, il faudra surmonter les résistances politiques et économiques. Les gouvernements et les banques, qui peuvent percevoir les cryptos comme une menace, chercheront à encadrer ou à limiter leur développement. Enfin, les investisseurs eux-mêmes devront rester vigilants face aux **évolutions rapides** de ce marché.

Une révolution en marche

Alors, que vous soyez un simple curieux ou un investisseur engagé, vous faites partie d'une révolution qui pourrait redéfinir notre économie mondiale. Les cryptomonnaies, en seulement une décennie, ont prouvé leur capacité à briser les normes et à redéfinir le possible. Imaginez ce qu'elles pourraient accomplir en 10, 20, ou 50 ans. Une chose est sûre : l'avenir sera fascinant, et il commence aujourd'hui.

L'impact potentiel des cryptomonnaies sur l'économie mondiale

Il ne fait aucun doute que les cryptomonnaies ont déjà commencé à remodeler le paysage économique mondial, et l'ampleur de cet impact ne fait que croître. Mais alors, quel pourrait être leur rôle à l'échelle mondiale dans les décennies à venir ? Il est crucial de comprendre que les cryptomonnaies ne se contentent pas de redéfinir le système financier, elles ont aussi la capacité de **révolutionner des industries entières** et de provoquer des changements fondamentaux dans la manière dont nous concevons les échanges de valeur.

Les cryptomonnaies et la réduction des inégalités économiques

L'un des aspects les plus prometteurs des cryptomonnaies est leur potentiel à **réduire les inégalités économiques**. Aujourd'hui, une grande partie de la population mondiale n'a toujours pas accès aux services bancaires traditionnels, soit parce qu'elle vit dans des régions reculées, soit en raison de la pauvreté, ou encore des barrières institutionnelles. Les cryptomonnaies, et en particulier la **finance décentralisée (DeFi)**, offrent une solution potentielle à ces problèmes. En utilisant un smartphone et une connexion internet, presque tout le monde peut accéder à des services financiers basés sur la blockchain.

Cela pourrait **réduire les frictions** liées à l'accès au crédit, aux paiements transfrontaliers, et à d'autres services essentiels, permettant aux personnes dans des pays en développement de participer pleinement à l'économie mondiale. Le rôle des cryptomonnaies dans l'inclusion financière pourrait avoir un impact très positif sur des centaines de millions de personnes.

En outre, la capacité de transférer des fonds rapidement et à moindre coût, via des plateformes de cryptomonnaies, permettrait de faciliter les **remises internationales**, une source vitale de revenus pour de nombreuses familles dans les pays en développement. Cela pourrait ainsi stimuler **l'économie locale** et **réduire les écarts de richesse** entre les nations développées et en développement.

Les cryptomonnaies face à l'inflation et à l'instabilité économique

Un autre aspect qui pourrait transformer l'économie mondiale est la manière dont les cryptomonnaies pourraient agir comme une **protection contre l'inflation**. Si vous avez suivi l'actualité économique ces dernières années, vous savez que de nombreux pays ont connu une forte **inflation**, et certains ont même vu leurs monnaies nationales se dévaluer de manière dramatique. Dans ce contexte, des monnaies comme le **Bitcoin**, souvent perçues comme une « réserve de valeur », sont de plus en plus considérées comme un **refuge** face à la dépréciation des devises fiduciaires.

Prenez l'exemple du **Venezuela**, où la monnaie locale, le bolivar, a perdu une grande partie de sa valeur en raison de l'hyperinflation. De nombreuses personnes ont tourné leur regard vers le Bitcoin et d'autres cryptomonnaies pour préserver leur pouvoir d'achat. Il n'est pas impossible que dans les prochaines décennies, face à l'instabilité économique mondiale, des cryptomonnaies deviennent des **réserves de valeur** privilégiées, offrant ainsi un moyen de se protéger des risques inflationnistes, en particulier dans des économies fragiles.

D'autre part, les cryptomonnaies offrent la possibilité de **réaliser des transactions transfrontalières**, avec des frais bien inférieurs à ceux des systèmes bancaires traditionnels. Dans un monde de plus en plus globalisé, cette facilité d'échange pourrait améliorer **l'efficacité des échanges commerciaux** et augmenter la **liquidité des marchés mondiaux**.

Cryptomonnaies et souveraineté monétaire

Les cryptomonnaies vont jouer un rôle central dans la **révision de la souveraineté monétaire** des nations. Aujourd'hui, de nombreux pays contrôlent la masse monétaire, ajustent les taux d'intérêt, et exercent une influence sur les échanges internationaux à travers leurs politiques monétaires. Cependant, l'émergence de monnaies numériques décentralisées pourrait remettre en cause ce modèle en redistribuant le pouvoir économique. À mesure que de plus en plus de pays adoptent les cryptomonnaies comme alternative à leurs devises nationales, l'équilibre des forces économiques mondiales pourrait être redéfini.

Prenons l'exemple de l'**euro numérique** ou du **yuan numérique**, les projets de **CBDC (monnaie numérique de banque centrale)**, qui pourraient voir le jour dans les prochaines années. Ces monnaies seront peut-être encore sous contrôle étatique, mais elles intègreront les technologies blockchain pour améliorer la traçabilité et la sécurité. Elles pourraient aussi offrir une **alternative au dollar américain**, qui domine actuellement les marchés internationaux, y compris pour le **commerce de matières premières**.

Mais plus profondément, l'adoption des cryptomonnaies pourrait conduire à une perte de pouvoir des banques centrales et à une plus grande **liberté économique individuelle**, un changement majeur pour le système financier mondial.

L'impact sur les systèmes financiers traditionnels

Les cryptomonnaies et la **finance décentralisée (DeFi)** auront un impact considérable sur les systèmes financiers traditionnels. L'idée même que les transactions financières puissent se faire sans **intermédiaires**, sans **banques**, et sans **notaires**, est en train de bousculer un secteur financier d'une valeur de plusieurs trillions de dollars. En supprimant ces intermédiaires, on élimine également les **frais bancaires**, ce qui pourrait potentiellement réduire le coût des services financiers à l'échelle mondiale. De plus, la **transparence** de la blockchain permet une traçabilité des transactions qui pourrait apporter une plus grande **confiance** et **réduction des risques** de fraude.

Les établissements bancaires et autres acteurs financiers traditionnels doivent désormais s'adapter à cette **nouvelle réalité**. Plusieurs banques ont d'ailleurs déjà commencé à expérimenter avec des solutions basées sur la blockchain pour améliorer l'efficacité de leurs services. Ce changement pourrait conduire à la **fusion des systèmes financiers traditionnels et décentralisés**, créant ainsi un système hybride où la technologie blockchain et les cryptomonnaies pourraient coexister avec les infrastructures financières classiques.

Dans le même temps, on pourrait voir une **concentration accrue** des acteurs financiers autour des cryptomonnaies dominantes, comme **Bitcoin**, **Ethereum** ou **Binance Coin**, ce qui renforcerait encore l'influence de certaines cryptomonnaies sur l'économie globale.

Adopter une éthique dans ses investissements : construire un futur responsable

Dans l'univers passionnant des cryptomonnaies, où les gains rapides et les innovations technologiques attirent l'attention, il peut être facile d'oublier l'impact plus large de nos choix. Pourtant, en tant qu'investisseur, chaque décision que vous prenez contribue à façonner l'avenir de cette industrie. Investir de manière éthique, c'est s'assurer que votre engagement dans les cryptos ne profite pas seulement à vous-même, mais aussi à la société et à la planète. Alors, comment adopter une approche éthique dans vos investissements ? C'est ce que nous allons explorer ici.

Pourquoi l'éthique est-elle importante dans les cryptomonnaies ?

Les cryptomonnaies sont souvent présentées comme un outil pour la liberté financière et l'inclusion économique. Mais elles peuvent également alimenter des activités douteuses, comme le blanchiment d'argent, les escroqueries ou des projets non durables. Par conséquent, investir éthiquement, c'est choisir des projets qui reflètent vos valeurs et contribuent positivement à l'écosystème global.

Pensez-y : votre argent est une voix. Chaque fois que vous achetez une cryptomonnaie ou soutenez un projet blockchain, vous envoyez un signal sur ce que vous croyez être important. Êtes-vous en train de financer un projet qui aide des communautés à accéder à des services financiers ? Ou un projet qui consomme massivement des ressources sans bénéfices tangibles pour la société ?

Comment identifier un projet éthique ?

Adopter une approche éthique dans vos investissements commence par poser les bonnes questions. Voici quelques critères pour évaluer un projet :

1. **Le problème que le projet résout :**
   Demandez-vous si le projet apporte une réelle valeur ajoutée. Contribue-t-il à résoudre un problème concret ? Par exemple,

certaines cryptos visent à améliorer la transparence des chaînes logistiques, réduire les coûts des transferts d'argent internationaux ou fournir des services financiers à des populations non bancarisées.

2. **L'impact environnemental :**
   Les cryptomonnaies, en particulier celles utilisant la **preuve de travail (PoW)**, comme Bitcoin, consomment énormément d'énergie. En revanche, des cryptos basées sur la **preuve d'enjeu (PoS)**, comme Ethereum depuis sa transition, sont beaucoup plus respectueuses de l'environnement. En tant qu'investisseur, privilégier les projets durables est un moyen d'encourager l'innovation responsable.

3. **La transparence et la gouvernance :**
   Les projets éthiques se distinguent souvent par leur transparence. L'équipe derrière le projet est-elle accessible ? Publient-ils régulièrement des rapports sur leurs avancées ? Les décisions importantes sont-elles prises démocratiquement, comme dans les **organisations autonomes décentralisées (DAO)** ? Une gouvernance solide est un gage de fiabilité et d'éthique.

4. **L'impact social :**
   Certains projets cryptos visent explicitement à améliorer la société. Par exemple, des initiatives comme **Cardano** se concentrent sur l'éducation et l'accès aux technologies dans les pays en développement. En soutenant ces projets, vous participez à un effort collectif pour un futur meilleur.

Éviter les projets contraires à vos valeurs

Tout aussi important que de choisir des projets éthiques est de savoir quels projets éviter. Les **arnaques** et les projets sans réelle utilité, souvent appelés *shitcoins*, pullulent dans l'écosystème. Mais il y a aussi des projets légitimes qui peuvent aller à l'encontre de vos valeurs :

- Les projets qui exploitent les utilisateurs via des pratiques opaques ou des frais excessifs.

- Les plateformes qui refusent de respecter les réglementations locales et internationales, mettant leurs utilisateurs en danger.
- Les cryptos qui encouragent la spéculation débridée sans bénéfice tangible pour l'économie réelle.

Rappelez-vous : si un projet promet des gains astronomiques en un temps record sans effort, il y a de fortes chances qu'il ne soit ni éthique ni viable.

Investir avec des valeurs : un bénéfice à long terme

Investir éthiquement n'est pas seulement une question de conscience ; c'est aussi une stratégie intelligente pour l'avenir. Les projets solides, bien gouvernés et durables sont plus susceptibles de résister aux cycles de marché et d'attirer un soutien institutionnel à long terme. En d'autres termes, vos valeurs peuvent être alignées avec vos intérêts financiers.

Prenons l'exemple de l'**Ethereum Merge**, qui a réduit la consommation énergétique du réseau de 99,95 %. Non seulement cette transition a permis d'améliorer l'impact écologique d'Ethereum, mais elle a aussi renforcé son attractivité auprès des grandes entreprises et des investisseurs institutionnels soucieux de la durabilité.

Les outils pour investir éthiquement

Pour vous aider à identifier les projets alignés avec vos valeurs, plusieurs outils et ressources peuvent être utiles :

1. **Crypto Climate Accord :** une initiative visant à rendre l'industrie crypto plus respectueuse de l'environnement.
2. **Messari :** une plateforme qui fournit des analyses détaillées sur les projets blockchain, y compris leur impact et leur gouvernance.
3. **Transparency dashboards :** de nombreuses cryptos ont des tableaux de bord en ligne qui montrent l'utilisation des fonds et les données clés du réseau.

Construire un écosystème crypto éthique

Chaque investisseur joue un rôle dans la construction de l'écosystème crypto de demain. En faisant des choix conscients et responsables, vous encouragez les projets qui font progresser l'industrie dans la bonne direction. Et rappelez-vous : l'éthique ne signifie pas renoncer à des profits. Au contraire, cela signifie investir dans ce qui compte vraiment et dans ce qui a un avenir durable.

Alors, la prochaine fois que vous envisagerez d'investir, posez-vous cette question simple : ce projet reflète-t-il le monde dans lequel je veux vivre ? Si la réponse est oui, vous êtes sur la bonne voie.

Crypto-Pépites Prometteuses en 2025

En 2025, l'univers des cryptomonnaies offre une multitude de projets innovants, alliant technologie de pointe et cas d'usage concrets. Parmi les plus prometteurs, on retrouve **Sui (SUI)**, une blockchain de nouvelle génération axée sur la performance et la scalabilité ; **Hyperliquid (HYPE)**, un échange décentralisé hautement performant ; **Solaxy (SOLX)**, une solution Layer 2 pour Solana visant à résoudre les problèmes de congestion ; **Qubetics (TICS)**, un agrégateur Web3 facilitant l'interopérabilité entre différentes blockchains ; et **Stacks (STX)**, une plateforme apportant des contrats intelligents à Bitcoin. Ces projets se distinguent par leur potentiel technologique, leur adoption croissante et leur capacité à répondre aux besoins spécifiques du marché, faisant d'eux des candidats solides pour les investisseurs en quête d'opportunités à fort potentiel.

1. Sui (SUI) – Blockchain Ultra-Performante

Présentation :

Sui est une blockchain de couche 1 conçue pour offrir une scalabilité et une rapidité exceptionnelles, idéales pour les applications décentralisées (dApps), la finance décentralisée (DeFi), les NFT et les jeux Web3. Elle utilise le langage de programmation Move, développé par Meta, permettant une gestion efficace des actifs numériques.

Points forts :

- **Scalabilité et vitesse accrues :** Grâce à sa structure innovante, Sui peut traiter un grand nombre de transactions simultanément, réduisant ainsi les frais et améliorant l'expérience utilisateur.

- **Accessibilité améliorée :** Les utilisateurs peuvent créer des portefeuilles avec des identifiants Web, éliminant la nécessité de mémoriser des phrases secrètes complexes.

- **Écosystème en expansion :** Avec des initiatives telles que Sui University et des partenariats avec des universités, Sui favorise l'adoption et le développement de son réseau. sui.io

Risques à considérer :

- **Concurrence accrue :** Des blockchains établies comme Ethereum et Solana représentent une concurrence significative.

- **Évolutivité à long terme :** Bien que Sui soit prometteuse, sa capacité à maintenir sa performance à mesure que l'écosystème se développe reste à évaluer.

2. Hyperliquid (HYPE) – Échange Décentralisé Haute Performance

Présentation :

Hyperliquid est un échange décentralisé (DEX) fonctionnant sur sa propre blockchain, HyperEVM, optimisée pour les contrats à terme perpétuels. Il offre une expérience de trading comparable à celle des plateformes centralisées, tout en conservant les avantages de la décentralisation.

Points forts :

- **Volume de trading élevé :** En mars 2025, Hyperliquid a dépassé 1 trillion de dollars en volume de contrats perpétuels, avec des volumes hebdomadaires oscillant entre 40 et 50 milliards de dollars.

- **Liquidité robuste :** La plateforme détient plus de 60 % de part de marché parmi les plateformes de contrats perpétuels.

- **Expérience utilisateur fluide :** Hyperliquid combine la sécurité de la DeFi avec la performance des plateformes centralisées.

Risques à considérer :

- **Volatilité du marché :** Les fluctuations rapides des marchés peuvent affecter la stabilité de la plateforme.

- **Réglementation :** L'évolution des régulations sur les DEX pourrait impacter son fonctionnement.

3. Solaxy (SOLX) – Solution Layer 2 pour Solana

Présentation :

Solaxy est la première solution Layer 2 développée sur Solana, visant à améliorer la scalabilité et l'efficacité du réseau en traitant les transactions hors chaîne. Elle sert également de pont entre Solana et Ethereum, facilitant l'interopérabilité entre les deux blockchains.

Points forts :

- **Réduction de la congestion :** En déchargeant les transactions sur Layer 2, Solaxy allège la charge sur le réseau principal de Solana.

- **Interopérabilité renforcée :** Le pont entre Solana et Ethereum améliore la liquidité et l'accessibilité des actifs.

- **Croissance rapide :** Avec plus de 31 millions de dollars levés lors de sa pré-vente, Solaxy est bien positionnée pour une adoption massive.

Risques à considérer :

- **Dépendance à Solana :** La performance de Solaxy est étroitement liée à celle de Solana.

- **Complexité technique :** L'intégration de Layer 2 et la gestion des ponts inter-chaînes peuvent présenter des défis techniques.

4. Qubetics (TICS) – Agrégateur Web3 Multi-Chain

Présentation :

Qubetics est un agrégateur Web3 de couche 1 qui facilite l'interopérabilité entre Bitcoin, Ethereum et Solana. Il permet aux utilisateurs, développeurs et protocoles d'interagir sans avoir à gérer plusieurs portefeuilles ou tokens.

Points forts :

- **Interopérabilité native :** Qubetics élimine les barrières entre différentes blockchains, simplifiant l'expérience utilisateur.

- **Technologie de consensus unique :** Sa technologie de consensus permet des transactions transfrontalières plus rapides et moins coûteuses.

- **Croissance soutenue :** Avec des prévisions de rendement potentiel de 525 %, Qubetics attire l'attention des investisseurs.AInvest

Risques à considérer :

- **Adoption du marché :** L'acceptation généralisée de l'interopérabilité multi-chaînes est encore en développement.

- **Complexité du réseau :** La gestion de plusieurs blockchains peut introduire des vulnérabilités potentielles.

5. Stacks (STX) – Contrats Intelligents sur Bitcoin

Présentation :

Stacks est une solution de couche 2 pour Bitcoin, permettant l'exécution de contrats intelligents et le développement d'applications décentralisées tout en tirant parti de la sécurité du réseau Bitcoin. Il utilise le mécanisme de consensus Proof of Transfer (PoX) pour sécuriser les transactions.CCN.com

Points forts :

- **Sécurité renforcée :** En s'appuyant sur la sécurité de Bitcoin, Stacks offre une plateforme fiable pour les dApps.

- **Croissance de l'écosystème :** L'introduction de produits financiers tels que sBTC et une augmentation de 56 % du token STX en une semaine témoignent de l'expansion de l'écosystème.

- **Potentiel de valorisation :** Avec l'augmentation de l'adoption, STX présente un potentiel de valorisation significatif.TangemAInvest

Risques à considérer :

- **Limites de scalabilité :** La capacité de Stacks à évoluer avec la demande croissante reste à évaluer.

- **Concurrence :** D'autres solutions de contrats intelligents, comme Ethereum et Solana, représentent une concurrence directe.

Conclusion

Ces cinq projets offrent des perspectives intéressantes pour les investisseurs en 2025. Chacun présente des caractéristiques uniques et répond à des besoins spécifiques dans l'écosystème crypto. Il est essentiel d'analyser en profondeur chaque projet, d'évaluer les risques associés et de diversifier son portefeuille pour maximiser les opportunités de gains.

Derniers mots et inspiration

Ce dernier chapitre est l'occasion de rassembler tout ce que vous avez appris et exploré au cours de ce livre. C'est également un moment de réflexion sur les principes et les stratégies partagés, pour vous permettre de vous projeter dans votre propre parcours. Enfin, une lettre personnelle viendra conclure le livre, pour inspirer et encourager chacun d'entre vous dans cette aventure vers la liberté financière.

Résumé des leçons apprises

Tout au long de ce livre, nous avons exploré ensemble les fondamentaux des cryptomonnaies et de la blockchain, les stratégies d'investissement, et les défis à relever pour atteindre la liberté financière. Prenons un moment pour récapituler les points essentiels que vous pouvez emporter avec vous :

1. **Comprendre les cryptomonnaies : une révolution en marche.** Les cryptos ne sont pas qu'un phénomène de mode. Elles représentent un bouleversement du système financier mondial. Bitcoin a ouvert la voie en créant une monnaie décentralisée, suivie par des projets comme Ethereum, qui étendent la blockchain à des applications infinies. Chaque crypto a sa raison d'être, et il est crucial de comprendre leur utilité avant d'investir.

2. **La blockchain : la clé de tout.**

   Nous avons plongé dans le cœur technologique qui rend ces innovations possibles. La blockchain garantit transparence, sécurité et immuabilité, mais elle a aussi ses limites. Comprendre des concepts comme la preuve de travail et la preuve d'enjeu vous donne une longueur d'avance.

3. **Investir intelligemment : une question de stratégie.** L'investissement en cryptomonnaies ne s'improvise pas. Vous avez appris à analyser les projets, à évaluer les équipes et à repérer les cas d'usage pertinents. Les outils comme le DCA (Dollar Cost Averaging) ou l'analyse technique sont là pour vous aider à naviguer dans ce monde volatile.

4. **La sécurité avant tout.**

   Les cryptos offrent des opportunités, mais elles viennent aussi avec des risques. Vous savez maintenant comment protéger vos actifs avec des portefeuilles adaptés, éviter les arnaques et rester vigilant face aux pièges.

5. **Une vision à long terme.**
   Les cycles de marché sont inévitables, mais ce sont vos objectifs à long terme qui vous guideront. Les cryptos ne sont qu'un outil parmi d'autres pour atteindre votre liberté financière. Diversifier vos investissements et rester informé sont vos meilleures armes pour surmonter les défis.

Une boîte à outils pour l'avenir.

Ce livre n'est qu'un début. Il vous donne les bases et les stratégies pour commencer ou améliorer votre parcours dans les cryptos. À partir de maintenant, c'est à vous de jouer : faites preuve de curiosité, d'autodiscipline et, surtout, de patience.

Si vous deviez retenir une seule chose de cette aventure, ce serait celle-ci : **la liberté financière n'est pas une destination, mais un voyage.** Les cryptos sont un moyen de tracer votre propre route, de reprendre le contrôle et d'investir dans votre avenir.

Conseils pour l'avenir

Vous voilà à la fin de ce livre, mais certainement pas à la fin de votre parcours. Entrer dans le monde des cryptomonnaies, c'est comme s'aventurer dans une jungle fascinante : pleine de trésors, mais aussi de dangers. Pour continuer votre chemin avec confiance, voici quelques conseils pratiques et stratégiques pour l'avenir :

1. **Apprenez, encore et toujours.**
   Le monde des cryptos évolue à une vitesse incroyable. Chaque semaine, de nouveaux projets émergent, des réglementations changent et des opportunités apparaissent. Prenez l'habitude de vous informer régulièrement. Abonnez-vous à des sources fiables, participez à des forums ou regardez des tutoriels. Le savoir est votre meilleur allié.

2. **Ne succombez pas à la peur ou à la cupidité.**
   Les émotions sont vos pires ennemies en investissement. Quand le marché monte en flèche, l'euphorie peut vous pousser à prendre des risques inconsidérés. À l'inverse, lorsque tout semble s'effondrer, la peur peut vous faire vendre à perte. Restez rationnel et fiez-vous à votre stratégie.

3. **Diversifiez vos investissements.**
   Les cryptomonnaies sont une opportunité incroyable, mais elles ne devraient pas représenter la totalité de votre patrimoine. Pensez à investir aussi dans des actifs plus traditionnels comme les actions, l'immobilier ou les métaux précieux. La diversification est la clé pour réduire les risques.

4. **Soyez réaliste avec vos objectifs.**
   La liberté financière ne s'atteint pas du jour au lendemain. Elle demande du temps, de la discipline et des efforts constants. Fixez-vous des objectifs réalistes, que ce soit en termes de revenus passifs,

de gains en cryptos ou de sécurité financière globale. Célébrez chaque petite victoire sur votre chemin.

5. **Construisez une routine d'investissement.**
   Que ce soit en appliquant le DCA ou en surveillant vos projets préférés, une routine vous aide à garder le cap. Réservez du temps chaque semaine ou chaque mois pour évaluer votre portefeuille, suivre les tendances du marché et ajuster vos plans si nécessaire.

6. **Protégez vos actifs comme un trésor.**
   Avec l'adoption croissante des cryptos, les menaces augmentent. Assurez-vous d'avoir des portefeuilles sécurisés, de ne jamais partager vos clés privées, et de ne pas vous laisser séduire par des offres "trop belles pour être vraies."

7. **Restez fidèle à vos valeurs.**
   Dans votre quête de liberté financière, n'oubliez pas pourquoi vous avez commencé. Investissez dans des projets qui correspondent à vos convictions. Faites preuve d'éthique et ayez un impact positif, que ce soit en soutenant des projets écologiques, éducatifs ou solidaires.

Une dernière réflexion.

En avançant, vous rencontrerez des défis, des revers, mais aussi des moments de joie et de satisfaction. Chaque décision que vous prenez vous rapproche de la personne que vous aspirez à devenir. Les cryptomonnaies ne sont qu'un outil ; c'est votre vision, votre discipline et votre détermination qui feront la différence.

Le futur est entre vos mains.

Prenez une profonde inspiration. Maintenant, vous êtes prêt à affronter les défis du monde des cryptos avec confiance et clairvoyance. La liberté financière n'est plus un rêve lointain, mais une destination atteignable.

Une lettre personnelle

Cher lecteur,

En refermant ce livre, je ressens une profonde gratitude. Gratitude envers vous, qui avez choisi de plonger dans cet univers fascinant, mais parfois intimidant, des cryptomonnaies. Gratitude aussi envers les opportunités que ce monde peut offrir, et surtout envers cette idée qui m'a poussé à écrire ce livre : celle de partager, d'éduquer et d'inspirer.

Quand j'ai commencé à m'intéresser aux cryptomonnaies, je ne comprenais pas grand-chose. Les termes complexes, les courbes de prix imprévisibles, les promesses de gains énormes — tout cela semblait à la fois excitant et effrayant. Mais au fil du temps, avec de la patience et de l'apprentissage, j'ai découvert bien plus qu'un moyen de faire fructifier mon argent. J'ai découvert une philosophie, une révolution, une manière différente de voir la finance et, quelque part, la vie elle-même.

J'espère que ce livre a réussi à vous transmettre cette passion, mais surtout à vous donner des outils concrets. Que vous soyez ici par curiosité, pour mieux gérer vos finances ou pour construire une vie plus libre, sachez que chaque petit pas compte.

Le chemin vers la liberté financière n'est pas toujours linéaire. Il y aura des défis, des moments de doute, et parfois des erreurs. Mais si vous gardez votre vision en tête, si vous restez discipliné et ouvert à l'apprentissage, vous avancerez toujours dans la bonne direction.

Je voudrais aussi vous dire ceci : ne vous précipitez pas. Prenez le temps d'apprendre, de tester, de comprendre. Le monde des cryptos peut sembler rapide et exigeant, mais les meilleures décisions sont souvent celles qui sont réfléchies et alignées avec vos valeurs personnelles.

Enfin, sachez que vous n'êtes pas seul. En explorant ce monde, vous rejoignez une communauté mondiale de personnes passionnées, ambitieuses et prêtes à construire un avenir différent. Profitez de cette connexion, échangez, partagez, apprenez des autres.

C'est maintenant à vous de jouer. Prenez tout ce que vous avez appris ici, et faites-en votre propre histoire. Que ce soit pour atteindre la liberté financière, pour soutenir des causes qui vous tiennent à cœur ou simplement pour mieux comprendre ce qui se passe dans notre monde numérique, vous êtes équipé pour avancer.

Je vous souhaite le meilleur pour votre voyage. Et souvenez-vous : chaque grande aventure commence par un simple pas.

Avec toute ma sincérité,

Votre guide à travers ces pages.

⭐ ⭐ ⭐ ⭐ ⭐ **Faites entendre votre voix !**

Un simple avis peut faire toute la différence. Soutenez mon travail en laissant une note ou un commentaire sur Amazon. Cela m'encourage à écrire encore plus de projets passionnés comme celui-ci.

— Degen Satoshi

www.ingramcontent.com/pod-product-compliance
Lightning Source LLC
Chambersburg PA
CBHW071553220526
45469CB00003B/1006